Günther Klebes, Friedemann Kliesch-Brandes

Die Seekuh

Günther Klebes, Friedemann Kliesch-Brandes

DIE SEEKUH

Die Geschichte der Lokalbahn von Erlangen nach Gräfenberg

Verlag Junge & Sohn

1. Auflage 1988

Gesamtherstellung:
Universitätsbuchdruckerei Junge & Sohn, Erlangen

ISBN 3-87388-014-8

Das Titelbild zeigt den Mittagsgüterzug nach Erlangen mit Lok 98 522
am westlichen Ortseingang von Buckenhof in den 30er Jahren.

Vorwort

Fährt man heute durch das Schwabachtal nach Neunkirchen am Brand oder nach Eschenau, so findet man kaum noch etwas, was an die Seku erinnert. Nur der Fachkundige kann hier und da noch Reste erkennen, sei es ein zu Unkenntlichkeit renoviertes Bahnhofsgebäude oder ein Rest vom ehemaligen Bahndamm. Dabei war diese, im Volksmund „Seekuh“ genannte, Bahn weit über Erlangens Grenzen hinaus bekannt und ist für alle Eisenbahnfreunde heute noch der Inbegriff bayerischer Nebenbahnromantik schlechthin.

Wir schreiben das Jahr 1986. Vor 100 Jahren wurde die Seku feierlich eröffnet. Zu diesem Anlaß wollen wir das Rad der Geschichte zurückdrehen und das Entstehen, Arbeiten und schließlich auch das Ende dieser Kleinbahn an uns vorbei ziehen lassen.

Wir haben bewußt auf eigene Ausführungen verzichtet und wollen lieber die Herren der damaligen Zeit zu Wort kommen lassen, sei es in Amtsblättern, Zeitungsartikeln oder Gedichten.

Der Bildteil ist eine Wanderung entlang der Strecke. Wir begleiten den Zug vom Bahnhof Erlangen bei seiner langen Fahrt nach Gräfenberg und durchstreifen dabei alle Jahrzehnte der 77jährigen Bahngeschichte.

Unser herzlichster Dank sei den vielen Bildautoren ausgesprochen, die es damals nicht versäumt haben, den Alltag der Bahn zu dokumentieren und somit ein Stück Erinnerung in uns wachhalten können.

Ebenso danken wir dem Stadtarchiv Erlangen und dem Verkehrsmuseum Nürnberg für die freundliche Überlassung ihrer Archivstücke.

Wir können jedoch aus der Fülle der Fotos und Akten nur einen kleinen Teil veröffentlichen, da es sonst den Rahmen des Buches sprengen würde. Wir bitten um Verständnis aller, deren zum Teil brillantes Bildmaterial hier nicht erscheint.

Noch eine Bitte:

Sollte der eine oder andere Leser zuhause noch alte Fotos, Zeitungsausschnitte oder ähnliche Unterlagen der Seku entdecken, würden Sie uns diese bitte zum Fotokopieren überlassen, damit wir unsere Sammlung weiter vervollständigen können?

Die Anfänge

Schon kurz nach dem Kriege 1870/71 tauchte der Plan auf, die Stadt Erlangen mit dem östlich von ihr im Schwabachgrund liegenden Ortschaften durch eine bis Gräfenberg zu führende Eisenbahn zu verbinden. Die praktische Durchführung des Planes scheiterte jedoch zunächst an der Lösung der Kostenfrage. Im Jahre 1882 griff dann der tatkräftige Bürgermeister Dr. Schuh von Erlangen das Projekt wieder auf. Er lud 45 Vertreter sämtlicher an einer Bahnlinie Erlangen - Gräfenberg interessierter Gemeinden zu einer ersten Besprechung ein, die am 22. November 1882 im hiesigen Rathaussaal abgehalten wurde. Die Versammlung faßte den einstimmigen Beschluß, das Projekt der Errichtung einer Bahn von Erlangen nach Gräfenberg weiter zu verfolgen. Es wurde auch schon im Jahre darauf auf Kosten der beteiligten Gemeinden durch staatliche Bauingenieure ein Bauplan von Erlangen bis Forth ausgearbeitet, da sich die Stadt Gräfenberg vorerst einer Beteiligung enthalten hatte. Aber auch dieses Städtchen schloß sich bald darauf dem Vorgehen der anderen Gemeinden an. Durch das am 21. April 1884 verkündete bayerische Gesetz über die Herstellung von Bahnen lokaler Bedeutung war der Bau der Bahn von Erlangen bis Gräfenberg genehmigt.

Nachdem der ehemalige Bürgermeister Dr. Georg Schuh im Jahre 1883 seine berühmte „Denkschrift über die Errichtung einer Lokalbahn von Erlangen nach Eschenau und darüber hinaus“, veröffentlicht hatte, bildete sich in Erlangen das „Comite“ für Errichtung einer Lokalbahn von Erlangen nach Gräfenberg. Dieses Comite sammelte alle Argumente die für den Bau dieser Bahn sprachen. Folgendes Schriftstück, dessen Original sich im Herzogenauracher Stadtarchiv befindet, ist ein Plädoyer für den Bau der Sekundärbahn.

Einige Bemerkungen

zur projektirten

Lokalbahn Erlangen-Gräfenberg.

Diese Bahn durchzieht zum größten Theile das reichbewohnte Schwabachthal und bietet bis Eschenau und Forth, also auf $^3/_4$ ihrer Länge, auch nicht die geringste technische Schwierigkeit, so daß sich bis dahin die Gestehungskosten sehr mäßig stellen. Von da bis Gräfenberg wird der Bahnbau etwas schwieriger und theurer, jedoch behält auch hier die Bahn hinsichtlich ihrer Herstellungskosten noch ganz den Charakter einer Local- oder Secundärbahn.

Die Bahnstrecke von Eschenau über Forth nach Gräfenberg wäre genau in derselben Weise herzustellen, ob die Bahn in Nürnberg, oder in Erlangen ihren Ausgangspunkt nimmt.

Während also diese Bahnstrecke für den Vorzug einer der beiden Bahnrouten Nürnberg-Gräfenberg oder Erlangen-Gräfenberg nichts entscheidet, lassen sich zu Gunsten des letzteren Projekts folgende wichtigere Gründe vorbringen:

1) Die Bahnführung Erlangen-Eschenau ist durch das vollständig ebene Terrain im Schwabachthale und durch die Verwendbarkeit der vorhandenen Distriktsstraße so wesentlich erleichtert, daß diese Bahnstrecke eine der billigsten und einfachsten Bahnen wird.

   Dagegen bietet die Bahnführung von Nürnberg nach Eschenau wegen der zwischen diesen beiden Orten liegenden, nicht unbedeutenden Höhen und der Einmündung der Bahn in Nürnberg derartige technische Schwierigkeiten, daß sie den Charakter einer Secundärbahn verliert und ganz bedeutende Kosten verursacht. Es kann unterlassen bleiben, hierauf näher einzugehen, da die nöthigen Aufschlüsse hierüber von berufendster Seite in dem den beiden hohen Kammern des Landtags vorgelegten Gesetzentwurfe über die Herstellung von Bahnen lokaler Bedeutung bereits ertheilt sind und bei Berathung dieses Gesetzes werden gegeben werden.

2) Die Bahn von Nürnberg nach Eschenau durchzieht den Reichswald und berührt bis Heroldsberg gar keinen Ort, von da bis Eschenau nur einige ganz unbedeutende Ortschaften. Dagegen durchzieht die Bahn Erlangen-Eschenau das reichbevölkerte Schwabachthal, in welchem Ortschaften an Ortschaften sich ausbreiten. So liegen direct an dieser Route Buckenhof (210 Einwohner), Uttenreuth (über 600 E.), Weiher (140 E.), Dormitz (450 E.), Neunkirchen (über 800 E.), Kleinsendelbach (250 E.), Steinbach (150 E.), Brand (350 E.), Eschenau (800 E.); in nächster Nähe liegen die bedeutenden Orte Sieglitzhof, Spardorf, Marloffstein, Ober-, Mittel- und Unterrosenbach, Ebersbach, Honigs, Hetzlas (dieses allein mit 700 E.), Großenbuch, Baad Neuenbau, Rödlas, Schellenberg, Unter- und Oberschellenbach, Petensiedel &c. &c.; an der Schwabach, also direct an der Bahn, liegen die Uttenreuther-, Habernhofer-, Langenbrucker-, Haber-, Minderleins-, Kleinsendelbacher- und Brandermühlen; an und in der Nähe der Bahntrace sind die Ausflugorte Sieglitzhof, Uttenreuth, Marloffstein, Wunderburg, der Hetzlasberg; in Uttenreuth befinden sich 3 Bierbrauereien, darunter eine, welche zur Zeit schon jährlich über 6000 Hektoliter Bier außerhalb Bayerns exportirt, außerdem sind nicht unbedeutende Brauereien in Brand, Dormitz &c. &c.; in Spardorf ist eine große Dampfziegelei, welche wegen ihrer bedeutenden Lieferungen in Orte entlang der projektirten Bahn schon jetzt in Buckenhof einen Materiallagerplatz, später ein Zweiggeleise nach Spardorf errichten will; bei Uttenreuth und am Hetzlasberge sind ganz bedeutende Steinbrüche, von welchen Bau- und Straßenmaterial nach allen Richtungen hin geliefert wird: die Orte Dormitz, Neunkirchen treiben viel Handel; an der ganzen Bahn hinauf blüht Hopfen-, Gemüse- und Obstbau in dem Maße, daß beispielsweise der kleine Ort Rödlas mit 18 Hausnummern im Jahre 1878 allein um 20,000 Mark Kirschen exportirte.

3) Ein Beweis des großen Verkehres dieser Ortschaften von und nach Erlangen ist der Umstand, daß an der Gefällstation Buckenhoferthor in Erlangen in den beiden Jahren 1882/83 folgende Pflasterzollzettel gelöst wurden:

	für schwere Fuhren zweispännige	für schwere Fuhren einspännige	für leichte Fuhren	für Großvieh	für Kleinvieh u. Handkarren
1882:	4341	1374	2817	507	8073
1883:	4370	1925	3115	680	9546.

Diese Zahlen fallen um so mehr ins Gewicht, wenn berücksichtigt wird, daß nicht nur alle leer, sondern auch die mit geringer Belastung passirenden Fuhrwerke, ferner die sämmtlichen Fuhrwerke und Viehstücke der Einwohner von Erlangen, von Bruck, welche in dieser Richtung viel fuhrwerken, keinen Pflasterzoll bezahlen und daß sich der fragliche Verkehr auch auf anderen Straßen und Wegen von und nach der Stadt Erlangen bewegt.

Es ist daher nicht richtig, wenn von gegnerischer Seite behauptet wird, dem Verkehre des Schwabachthales wolle eine künstliche Richtung gegeben werden, da dieser Verkehr sich naturgemäß in der Richtung des Schwabachthales bewegen muß und in derselben verbleiben würde, selbst wenn die volkswirthschaftlich belanglose Bahn Eschenau-Nürnberg gebaut würde.

4) Die Bahn Erlangen-Eschenau-Gräfenberg sichert, wie auch der jüngst den hohen Kammern des Landtags vorgelegte Gesetzentwurf über Localbahnen nachweist, eine über den üblichen Procentsatz hinausgehende Rente des Anlagecapitals, während eine Bahn Nürnberg-Eschenau-Gräfenberg wohl kaum die Hälfte dieser Rente abwerfen würde, ganz abgesehen davon, daß bei Ausführung der letzteren Bahn das Projekt Erlangen-Eschenau doch nicht von der Tagesordnung verschwinden würde, weil gerade diese Gegend so ganz besonders günstige Verhältnisse für die Ausführung einer Localbahn und die Erprobung des Gedankens der Localbahnen überhaupt bietet.

5) Die sämmtlichen genannten Ortschaften im Schwabachthale und bis nach Gräfenberg gehören in die Bezirksämter Erlangen bezw. Forchheim, zum großen Theile auch in die Rentämter und Amtsgerichte Erlangen bezw. Forchheim, ein Theil nach Gräfenberg selbst. Dagegen gehört keine der in Frage stehenden Ortschaften in die Aemter oder Gerichte nach Nürnberg, so daß die Einwohner derselben tagtäglich in amtlichen Angelegenheiten nach Erlangen bezw. über Erlangen nach Forchheim zu reisen gezwungen sind, was ihnen beim Bestehen einer Bahn sehr erleichtert würde.

Dies trifft namentlich bei den bedeutenden Ortschaften Eschenau, Forth und Büg zu, welche zum Bezirksamte, Rentamte und Amtsgerichte Erlangen gehören und daher einmüthig nur eine Bahn nach Erlangen, nicht aber nach Nürnberg verlangen, selbst wenn ihnen letztere in Aussicht stände. Dies ist um so begreiflicher, als die in diese Gegend importirten Produkte, wie z. B. Steinkohlen, Hopfenstangen, meistens von Norden her kommen und die zum Export gelangenden Güter, wie insbesondere Bier, nach Norden gehen, so daß es für die Betheiligten nur von Nachtheil wäre, wenn diese Güter den viel längeren Weg über Nürnberg zu nehmen hätten.

Ueberhaupt muß die gegnerische Behauptung, es bestehe gegen eine Bahn Erlangen-Eschenau-Gräfenberg eine Opposition Seitens eines Theiles der Betheiligten, dahin berichtigt, bezw. illustrirt werden, daß diese Opposition nicht von den eigentlichen Interessenten am Bahnprojekte Erlangen-Eschenau-Forth-Gräfenberg, welche diese Bahn wollen und die Sicherung des Grund und Bodens für den Bahnbau einstimmig beschlossen, auch in den bereits gepflogenen Grunderwerbs-Verhandlungen die Abtretungspflicht ausnahmslos anerkannt haben, sondern von einer Seite ausgeht, welche eine z. Z. in keiner Hinsicht vorbereitete, in ihrer Ausführbarkeit und Rentabilität höchst zweifelhafte Bahn für eine andere Gegend anstrebt und ihre Interessen zu fördern glaubt, wenn sie die Ausführung des in jeder Beziehung spruchreifen Projektes einer Bahn Erlangen-Gräfenberg zu hintertreiben sucht.

Erlangen, im Februar 1884.

Das Comité

für Errichtung einer Lokalbahn von Erlangen nach Gräfenberg.

Die detaillierte Streckenbeschreibung aus der Bayerischen Verkehrsstatistik von 1885

Erlangen-Gräfenberg

Diese Lokalbahn bezweckt die Verbindung der Stadt Gräfenberg und der zahlreichen größeren Ortschaften des Schwabachthales mit der Hauptbahnlinie Nürnberg-Bamberg. Von dieser zweigt die Bahn am südlichen Ende des Bahnhofes Erlangen mittelst scharfer Kurve ab, umzieht unter Niveauüberkreuzung der Staatsstraße von Nürnberg nach Erlangen den südöstlichen Stadttheil von Erlangen und erreicht am Zollhaus an der östlichen Stadtseite die Distriktsstraße von Erlangen nach Gräfenberg. Bis zum Dorfe Buckenhof, das wegen ungünstiger Krümmungs- und Gefällsverhältnisse der Straße auf eigenem Bahnkörper umfahren werden muß, benützt die Bahn die rechte Seite des Straßenkörpers, geht dann hinter Buckenhof auf die linke Seite über und überschreitet das Schwabachthal mittelst der bestehenden Straßenbrücken, welche hiefür genügend breit sind. Auf der Ortstraße das Dorf Uttenreuth durchfahrend, geht die Bahn außerhalb der Ortschaft wieder auf die rechte Straßenseite bis hin zum Markte Neunkirchen über, wobei die Ortschaft Weiher auf eigenem Bahnkörper größtentheils umgangen, dagegen das langgestreckte Dorf Dormitz auf der Ortsstraße durchfahren wird. Mit Ausnahme einer kurzen Strecke führt die Bahn nun auf eigenem Bahnkörper zur Ortschaft Kleinsendelbach, gewinnt hier wieder die Straße und biegt vor dem Dorfe Steinbach von letzterer ab, um das Schwabachthal mittelst dreier Brücken zum zweitenmale zu überschreiten. Nachdem die Bahn in der Ortsstraße das Dorf Brand durchfahren hat, erreicht dieselbe auf eigenem Bahnkörper den Markt Eschenau und an dessen östlichem Ende die von Nürnberg nach Gräfenberg führende Staatsstraße, auf welcher dieselbe mit Ausnahme einer kurzen Strecke bis nach Forth verbleibt. Vor der Haltestelle Forth von der Straße abbiegend und noch die letzten Häuser der Ortschaft berührend wendet sich sodann die Bahn auf eigenem Bahnkörper gegen das linke Ufer der Schwabach, an welchem sie bis zum Halteplatz Rüsselbach in der Nähe des Weilers Weidenbühl und der Orte Rüsselbach und Stockach hinzieht. Bei der Eichenmühle trifft die Bahn wieder mit der Straße zusammen und bleibt nun, mit derselben aus dem Schwabachthale abbiegend, auf ihr bis zum nördlichen Ende von Mitteldorf, das auf der Ortsstraße durchfahren wird. Die Staatsstraße kreuzend wendet sich die Bahn dem linksseitigen Gehänge des Fischbachthales zu und findet in der unmittelbar am Fuße des hoch gelegenen Gräfenberg hart neben der Nürnberg-Gräfenberger Staatsstraße situirten Endstation ihren Abschluß.

Die Länge der Bahn zwischen den beiden Endstationen Erlangen und Gräfenberg beträgt 28,21 km, wovon 17,64 km auf eigenem Bahnkörper liegen, während 10,57 km als Straßenbahn herzustellen sind.

An Zwischenstationen sind zu errichten die Haltestellen mit Güterabfertigung: Spardorf, Uttenreuth, Dormitz, Neunkirchen, Steinbach, Brand, Eschenau, Forth und Igensdorf. Außer diesen Haltestellen, an welchen in Dormitz und Brand die Ladegeleise lediglich als Sackspuren hergestellt werden, während die übrigen Ausweichgeleise erhalten, kommen in der Nähe der Orte Buckenhof, Weiher, Kleinsendelbach, Rüsselbach und Weissenohe, sowie am Zollhaus östlich der Stadt Erlangen gleichbenannte Personenhalteplätze zur Ausführung.

Die Endstation Gräfenberg liegt 387,321 m über der Nordsee, während die Station Erlangen 277,872 m Seehöhe hat, so daß die Bahn die absolute Höhe von 109,449 m ersteigt. Hiezu kommen die verlorenen Steigungen im Gesammtbetrage von 92,3 m. Diese bedeutenden Höhendifferenzen machten die Anwendung einer Maximalsteigung von 25 ‰ in beiden Richtungen nothwendig. Der Minimalradius mißt 150 m und fällt derselbe in beiden Richtungen mit der Maximalsteigung zusammen.

Dadurch, daß die Bahn auf 10,6 km theils die Distrikts-, theils die Staatsstraße als Bahnkörper mitbenützt und in den Strecken mit eigenem Bahnkörper sich dem Terrain thunlichst anschmiegt, ergaben sich geringe Erdarbeiten, welche nur in der Erdstrecke vor Gräfenberg etwas bedeutender wurden. Die gesammte zu bewegende Erdmasse beträgt 58600 cbm.

Auch die Anlage größerer Kunstbauten wird hiedurch vermieden, da in den Straßenbahnstrecken die bestehenden Kunstbauten entweder direkt mitbenützt werden können oder nur geringe Ergänzungsarbeiten erfordern, während in den Strekken mit eigenem Bahnkörper an größeren Objekten nur der Übergang über das Schwabachthal zwischen Steinbach und Brand die Anlage einer 7,0 m weiten Mühlkanalbrücke, einer 9,0 m weiten Brücke über die Schwabach und einer 7,0 m weiten Fluthbrücke notwendig macht, welche wegen geringer Dammhöhe mittelst Walzeisenträgern überbrückt werden. Sonst ist nur noch der zur Durchleitung der Kalkach bei Weissenohe unter 7,0 m hohem Damme herzustellende nach der Stützlinie zu wölbende Bahndurchlaß von 4,0 m Weite und 3,0 m Höhe zu erwähnen und sind ferner noch eine größere Anzahl gemauerter Durchlässe und die Verlängerung bestehender Straßendurchlässe herzustellen. Auch von der Verwendung von Cementröhren zu Bahn- und Wegdurchlässen wird in ausgiebiger Weise Gebrauch gemacht. Für sämmtliche Kunstbauten sind 650 cbm Mauerwerk herzustellen und 610 m Cementrohrdurchlässe einzulegen.

Der Bahnunterbau wird in der Strecke zwischen Erlangen und Igensdorf sowohl in den Straßenbahnstrecken als auch in jenen Strecken mit eigenem Bahnkörper aus reinem, lehmfreien Sand hergestellt; nur werden behufs Entwässerung des auf der normalen Straßenabdachung liegenden Unterbausandes in Entfernungen von 3,3 m Sickerdohlen aus Steinrollirung eingelegt, während in den Strecken mit eigenem Bahnkörper die Entwässerung durch die nach Normalprofil herzustellenden Abdachungen des Bahnkörpers erfolgt. In der Strecke zwischen Igensdorf und Gräfenberg, in welcher Straßenbahnstrecken nicht vorkommen, wird der Unterbau aus Steinrollirung und lehmfreien Sand oder Steinschotter hergestellt.

Zum Bahnoberbau findet der gewöhnliche Langschwellenoberbau für Lokalbahnen Verwendung und wird nur in den Straßenbahnstrecken, insbesondere in den Ortsstraßen, auf circa 5,0 km der Oberbau versuchsweise mit Hartwich-Schienen hergestellt.

Die Gebäude und Einrichtungen der Stationen werden dem jeweiligen Bedürfnisse entsprechend in der einfachsten Weise zur Ausführung gelangen.

Mit den eigentlichen Bauarbeiten wurde im Laufe des Monats Oktober 1885 begonnen und wurden dieselben so gefördert, daß bis zum Jahresschlusse rund 21400 cbm Erdmasse bewegt, 197 cbm Mauerwerk hergestellt und 270 m Cementrohre verlegt werden. Die größte Zahl der hiebei beschäftigten Arbeiter betrug 304.

Die Eröffnung des Betriebes ist für den Herbst 1886 in Aussicht genommen.

Am 21. April 1884 wurde mit dem bayerischen Lokalbahngesetz die rechtliche Grundlage für den Bau der Seku geschaffen. Zwei Tage vor der Eröffnung der Bahn erschien im Verordnungs- und Anzeigenblatt Nr. 58 folgender Artikel:

№ 58.

Verordnungs- und Anzeige-Blatt

für die

Königlich Bayerischen

Verkehrs-Anstalten.

München den 20. November 1886.

Königlich Allerhöchste Verordnung,

die Verwaltung und den Betrieb der K. Verkehrsanstalten betr.

Im Namen Seiner Majestät des Königs.

Luitpold,

von Gottes Gnaden Königlicher Prinz von Bayern, Regent.

Nr. 29633.

Eröffnung der Lokalbahn Erlangen—Gräfenberg betr.

B. m.

Am 22. November l. J. wird die der Betriebsleitung Gräfenberg unterstellte Lokalbahn Erlangen—Gräfenberg mit der Station Gräfenberg, den Haltestellen Igensdorf, Forth, Eschenau, Brand, Steinbach bei Brand, Neunkirchen am Brand, Dormitz, Uttenreuth und Spardorf, dann den Halteplätzen Weißenohe, Rüsselbach, Kleinsendelbach, Weiher, Buckenhof und Zollhaus dem allgemeinen Verkehr übergeben.

Die Billetabgabe und Gepäckabfertigung im Lokalbahnverkehr erfolgt im Zuge durch den Kondukteur. Eine direkte Billetausgabe und Gepäckabfertigung von der Lokalbahn nach den Stationen der übrigen Staatsbahnlinien und umgekehrt findet nicht statt.

Bei den Haltestellen Igensdorf, Eschenau, Brand, Steinbach bei Brand, Dormitz, Uttenreuth und Spardorf wird die Güterabfertigung durch Agenturen auf Dienstvertrag besorgt.

An Sonn- und Feiertagen wird der Güterverkehr auf der Lokalbahn vollständig eingestellt.

Die Annahme und Abgabe der Güter in Igensdorf, Forth, Eschenau, Brand, Steinbach bei Brand, Neunkirchen am Brand, Dormitz, Uttenreuth und Spardorf wird unter Berücksichtigung der örtlichen Verhältnisse auf bestimmte, durch die Betriebsleitung Gräfenberg mittelst Schalteranschlags bekannt zu machende Tagesstunden beschränkt.

Die Ver- und Entladung der Wagenladungsgüter auf der Lokalbahn bleibt den Versendern bezw. Empfängern überlassen.

Für den Güterverkehr auf der Lokalbahnstrecke kommt der Vizinalbahntarif, und zwar unter Wegfall der für den Transport von gewissen Rohprodukten generell eingeräumten Begünstigungen, in Anwendung.

Im Bereiche der Lokalbahn gelten keine Ausnahmetarife.

Die jenseits der Uebergangsstation Erlangen gelegenen Stationen fertigen die mit direkten Frachtbriefen nach den Stationen der Lokalbahn aufgegebenen Sendungen aller Art nach den allgemeinen reglementären und Tarifbestimmungen auf Erlangen ab, woselbst Umexpedition stattfindet.

Im Uebrigen sind für die Lokalbahn Erlangen—Gräfenberg inhaltlich der nachstehenden höchsten Bekanntmachung vom 18. l. M. Nr. 4020 II die Bestimmungen des k. Staatsministeriums des k. Hauses und des Aeußern vom 5. März 1882, die Bahnordnung für bayerische Bahnen untergeordneter Bedeutung betreffend (Verordn.- und Anzbl. Nr. 22 vom 24. März 1882) maßgebend.

München den 19. November 1886.

General-Direktion der königlich bayerischen Staatseisenbahnen.

Schnorr von Carolsfeld.

Pernwerth von Bärnstein.

Bisle.

Nr. 4020 II

Bekanntmachung,

die Bahnordnung für bayerische Eisenbahnen von untergeordneter Bedeutung betr.

Staatsministerium des Königlichen Hauses und des Aeußern.

Die am 22. November d. J. zur Eröffnung gelangende Bahnlinie Erlangen—Gräfenberg wird hiemit in die Klasse der unter Absatz 6 der Bekanntmachung vom 5. März 1882 (Ges.- und Verordnbl. S. 83 ff.) aufgeführten Bahnen untergeordneter Bedeutung eingereiht.

München, den 18. November 1886.

gez. Frhr. v. Crailsheim.

Der Generalsekretär:
gez. Frhr. von Völderndorff.

Zur Eröffnung
der Bahnstrecke Erlangen-Gräfenberg
am 22. November 1886.

Auf und laßt die Fahnen wehen,
Laßt Drommeten schmettern drein,
Denn wir weihen heute jubelnd
Unsern neuen Bahnhof ein.

Postillon, der ruhsam eilte
Hin nach Nürnberg und Erlang,
Nimmer tönt auf diesen Routen
Deines Hornes trauter Klang.

Und ihr lieben Passagiere,
Oft gequetscht und viel gedrückt,
Freut euch, daß ihr unversehret
Den Erlösungstag erblickt.

Dreizehn seufzten oft im Wagen*),
Müde Seelen ohne Spaß,
Und mit schlecht verhaltnem Grimme
Posthans auf der Deichsel saß.

Doch wo sonst der Marterkasten
Groß und Klein voll Wehmuth trug,
Führt sogar jetzt Reiseonkel
Stolz die Bahn uns zu im Flug.

*) Vom Verfasser selbst erlebt.

Wenn die Lenzeslüfte wehen
Und die Lerche singt ihr Lied,
Wenn die staubgequälten Städter
Sehnsucht nach den Bergen zieht, —

Schau'n sie nimmer trüben Blickes
Nach der Menschenarche Qual,
Denn die Wagen sind bequem jetzt
Wie ein luft'ger Gartensaal.

Wie so stolz sich die Maschine
Bläht und dampft im Festesglanz,
Als empfände sie die Freude
Mit uns Allen voll und ganz!

Lasset drum die Fahnen wehen
Und Drommeten schmettern drein,
Denn der heut'ge Festtag wird uns
Ewig unvergeßlich sein!

Rufe mit dem vollen Glase,
Wer nur immer Stimme hat:
Glück und Heil soll stets umschweben
Gräfenberg, die Festesstadt!

Schw.

Auf der Titelseite des Erlanger Tagblatts vom 22. November 1886.

Die Bahn war nun endlich eröffnet, doch die Bevölkerung mußte sich erst an die fahrenden Züge gewöhnen. Auf welche Weise versucht wurde, Unfällen vorzubeugen kann man im Amtsblatt für die Königliche Universitätsstadt und das Königliche Bezirksamt zu Erlangen, vom Dezember 1886, nachlesen.

Amts-Blatt

für die kgl. Universitätsstadt Erlangen und für das kgl. Bezirksamt Erlangen.

№ 98. Ausgegeben am Montag den 6. Dezember. 1886.

Distriktspolizeiliche Vorschriften.

Das unterfertigte Bezirksamt erläßt auf Grund des Art. 2 Ziff. 6 des bayer. Polizeistrafgesetzbuches vom 26. Dezember 1871, gestützt auf §. 366 Ziff. 10 des Reichsstrafgesetzbuches, zur Sicherheit des Verkehrs auf den von der Lokalbahn Erlangen-Gräfenberg berührten öffentlichen Wegen, Straßen und Plätzen folgende distriktspolizeiliche Vorschriften, welche mittels hoher Entschließung der kgl. Regierung von Mittelfranken, Kammer des Innern, vom 30. Novbr. 1886 Nr. 19878 für vollziehbar erklärt worden sind und mit ihrer Verkündung sofort in Kraft treten.

§ 1.

Das Aufstellen oder Auflagern von Fuhrwerken oder anderer Gegenstände auf dem Bahnkörper in der Weise, daß dadurch der Verkehr der Bahnzüge gehindert wird, ist verboten.

§ 2.

Wenn ein Bahnzug sich nähert, müssen Fuhrwerke in ausreichender Entfernung entweder anhalten und abwarten, bis der Zug vorüber ist, oder nur langsam und mit möglichster Vorsicht weiter fahren.

Bei Lastfuhrwerken haben die Lenker abzusteigen und die Zugthiere durch Festhalten zu versichern.

Bei anderen Fuhrwerken sind die Thiere scharf im Zügel zu halten.

Im Uebrigen wird auf die Ministerial-Bekanntmachungen vom 4. Januar 1872 — Regierungsblatt S. 73 — die Sicherheit auf öffentlichen Straßen betr., insbesondere § 5 derselben, und vom 5. März 1882 — Gesetz- und Verordnungsblatt S. 83 ff. — Bahnordnung für bayerische Eisenbahnen untergeordneter Bedeutung betr., namentlich § 44 derselben hingewiesen.

§ 3.

Das Weiden von Vieh in der Nähe der Bahn ohne genügende Aufsicht ist verboten.

Der § 5 der Ministerial-Bekanntmachung vom 4. Januar 1872 lautet:

„Personen, welche die Leitung eines Fuhrwerkes übernommen haben, dürfen sich weder durch Schlafen, noch durch sonstiges Verschulden in eine Lage bringen, daß sie ihr Gespanne nicht mehr zu leiten im Stande sind.“

Der § 44 der Ministerial-Bekanntmachung vom 5. März 1882, die Bahnordnung für bayerische Eisenbahnen untergeordneter Bedeutung betr., lautet:

„Sobald sich ein Zug nähert, müssen Fuhrwerke, Reiter, Fußgänger, Treiber von Vieh oder Lastthieren sofort die Bahn räumen oder in geeigneter Entfernung hievon verbleiben, bis der Zug die Stelle passirt hat.“

„Wo bei nicht bedienten Ueberfahrten und Fußübergängen Warnungstafeln, Drohkreuze oder verschränkte Einfriedungen angebracht sind, bezeichnen diese die Grenzen, innerhalb welcher die Bahn frei zu halten ist.“

Erlangen, den 20. November 1886.

Königliches Bezirksamt.

Spangenberger.

In den ersten Betriebsjahren herrschte, nach heutigen Verhältnissen, bescheidener Zugverkehr. Das sollte sich erst 1932 mit der Einführung des Triebwagenverkehrs ändern.

№ 60c. Erlangen—Gräfenberg und retour.

Entfg.	Stationen	1111	1113	1115	1117	Stationen	1110	1112	1114	1116
		Lokal-Züge					Lokal-Züge			
Kil				††	†				†	††
	Erlangen . ab	7^{25}	$8^{\underline{00}}$	6^{00}	1^{50}	Gräfenberg ab	$4^{\underline{30}}$	4^{10}	9^{45}	$6^{\underline{30}}$
3	Zollhaus . "	7^{34}	$8^{\underline{09}}$	6^{09}	1^{59}	Weisenahe . "	$4^{\underline{38}}$	4^{18}	9^{53}	$6^{\underline{38}}$
5	Buckenhof . "	7^{45}	$8^{\underline{20}}$	6^{20}	2^{10}	Igensdorf . "	$4^{\underline{47}}$	4^{27}	10^{02}	$6^{\underline{47}}$
6	Spardorf . "	7^{50}	$8^{\underline{25}}$	6^{25}	2^{15}	Rüsselbach "	$4^{\underline{53}}$	4^{33}	10^{08}	$6^{\underline{53}}$
7	Uttenreuth "	7^{57}	$8^{\underline{32}}$	6^{32}	2^{21}	Forth . . . "	$5^{\underline{05}}$	4^{45}	10^{19}	$7^{\underline{05}}$
9	Weiher . . "	8^{06}	$8^{\underline{41}}$	6^{41}	2^{30}	Eschenau . "	$5^{\underline{17}}$	4^{57}	10^{31}	$7^{\underline{17}}$
10	Dormitz . . "	8^{13}	$8^{\underline{48}}$	6^{48}	2^{37}	Brand . . "	$5^{\underline{25}}$	5^{05}	10^{39}	$7^{\underline{25}}$
13	Neunkirchen "	8^{25}	$9^{\underline{00}}$	7^{00}	2^{48}	Steinbach . "	$5^{\underline{33}}$	5^{13}	10^{47}	$7^{\underline{33}}$
15	Kleinsendelb. "	8^{37}	$9^{\underline{12}}$	7^{12}	3^{00}	Kleinsendelb. "	$5^{\underline{38}}$	5^{18}	10^{52}	$7^{\underline{38}}$
16	Steinbach . "	8^{42}	$9^{\underline{17}}$	7^{17}	3^{05}	Neunkirchen "	$5^{\underline{52}}$	5^{32}	11^{05}	$7^{\underline{52}}$
18	Brand . . "	8^{51}	$9^{\underline{26}}$	7^{26}	3^{14}	Dormitz . . "	6^{03}	5^{43}	11^{16}	$8^{\underline{03}}$
19	Eschenau . "	8^{59}	$9^{\underline{34}}$	7^{34}	3^{22}	Weiher . . "	6^{09}	5^{49}	11^{22}	$8^{\underline{09}}$
22	Forth . . . "	9^{12}	$9^{\underline{47}}$	7^{47}	3^{34}	Uttenreuth "	6^{20}	$6^{\underline{00}}$	11^{32}	$8^{\underline{20}}$
24	Rüsselbach "	9^{22}	$9^{\underline{57}}$	7^{57}	3^{44}	Spardorf . "	6^{26}	$6^{\underline{05}}$	11^{38}	$8^{\underline{26}}$
26	Igensdorf . "	9^{29}	$10^{\underline{04}}$	8^{04}	3^{51}	Buckendorf "	6^{30}	$6^{\underline{10}}$	11^{42}	$8^{\underline{30}}$
27	Weisenahe . "	9^{37}	$10^{\underline{12}}$	8^{12}	3^{59}	Zollhaus . "	6^{42}	$6^{\underline{22}}$	11^{54}	$8^{\underline{42}}$
29	Gräfenberg an	9^{45}	$10^{\underline{20}}$	8^{20}	4^{07}	Erlangen . an	6^{50}	$6^{\underline{30}}$	12^{02}	$8^{\underline{50}}$

Auszug aus dem bay. Kursbuch Sommer 1887

54. Erlangen—Gräfenberg und zurück.

Fahrpr II ab Erlg.	Fahrpr III ab Erlg.	km	Lokalzüge.					Stationen	Lokalzüge.				
			—	1111	1113	1117	1119		1110	1112	1114	1116	—
				2. 3.	2. 3.	2. 3.	2. 3.		2. 3.	2. 3.	2. 3.	2. 3.	
					∧	•	∧			∧	•	∧	
				4 $\underline{30}$	8.10	2.50	6 $\underline{50}$	ab Bamberg 53 an	7.28	9.49	1 06	8 $\underline{45}$	
				5 $\underline{15}$	7.50	1.50	6 $\underline{40}$	ab Nürnberg 53 an	6.20	10.13	1.05	9 $\underline{00}$	
				§6.10	10.00	3.43	8 $\underline{05}$	ab Erlangen an	§5 $\underline{25}$	8.00	11.55	7 $\underline{03}$	
15	15	3		§6.19	10.09	3.52	8 $\underline{14}$	Zollhaus	§5 $\underline{17}$	7.52	11.47	6 $\underline{55}$	
30	20	5		§6.29	10.20	4.03	8 $\underline{25}$	Buckenhof	§5 $\underline{05}$	7.40	11.35	6 $\underline{43}$	
35	25	6		§6.32	10.24	4.07	8 $\underline{29}$	Spardorf	§5 $\underline{02}$	7.37	11.32	6 $\underline{40}$	
40	25	7		§6.38	10.31	4.14	8 $\underline{36}$	Uttenreuth	§4 $\underline{56}$	7.31	11.26	6 $\underline{34}$	
50	35	9		§6.46	10.40	4.23	8 $\underline{45}$	Weiher	§4 $\underline{45}$	7.20	11.15	6 $\underline{23}$	
55	35	10		§6.53	10.47	4.30	8 $\underline{52}$	Dormitz	§4 $\underline{39}$	7.14	11.09	6 $\underline{17}$	
70	45	13		§7.06	10.59	4.42	9 $\underline{04}$	Neunkirch. a.B.	§4 $\underline{28}$	7.03	10.57	6 $\underline{06}$	
80	55	15		§7.17	11.10	4.53	9 $\underline{15}$	Kleinsendelbch.	§4 $\underline{15}$	6.49	10.45	5.53	
85	55	16		§7.21	11.14	4.58	9 $\underline{19}$	Steinbach b.B.	§4 $\underline{11}$	6.45	10.41	5.49	
100	65	18		§7.29	11.22	5.05	9 $\underline{27}$	Brand	§4 $\underline{04}$	6.38	10.34	5.41	
110	70	20		§7.37	11.30	5.13	9 $\underline{35}$	Eschenau	§3 $\underline{56}$	6.30	10.26	5.34	
120	75	22		§7.48	11.42	5.25	9 $\underline{47}$	Forth	§3 $\underline{45}$	6.19	10.15	5.23	
130	85	24		§7.56	11.50	5.33	9 $\underline{55}$	Rüsselbach	§3 $\underline{35}$	6.10	10.05	5.13	
140	90	26		§8.02	11.56	5.39	10 $\underline{01}$	Igensdorf	§3 $\underline{30}$	6.05	10.00	5.08	
150	95	27		§8.09	12.03	5.46	10 $\underline{08}$	Weisennohe	§3 $\underline{22}$	5 $\underline{57}$	9.52	5.00	
160	100	29		§8.16	12.10	5.53	10 $\underline{15}$	an Gräfenberg ab	§3 $\underline{15}$	5 $\underline{50}$	9.45	4.53	

§ Am Dienstag, Donnerstag und Samstag bis 29. November einschl., ab 3. Dez. nur am Samstag.

Der Fahrplan von 1892 war den Bedürfnissen des Landes besser angepaßt.

Triebfahrzeuge der Seku

Die Bay. DVII waren die ersten Lokomotiven auf der Seku. Es waren speziell für Lokalbahnen konstruierte Loks mit geringer Achslast. Insgesamt wurden 75 Stück gebaut. Die ersten auf der Seku fahrenden Maschinen hatten die Namen: Fürth, Köchitz und Marxgrün. Außerdem hieß eine Lok Eschenau, eine andere Uttenreuth.

Die 98 7639 zur Reichsbahnzeit. Sie hatte die bayerische Nummer 887 und den Namen Uttenreuth.

Dieselbe Lok, 30 Jahre später, als Schlepplok des Bahnbetriebswerks Nürnberg Hbf. Kurz darauf wurde die Lok verschrottet. Erhalten geblieben ist nur die 98 7658, die auf der Ausstellung „150 Jahre Eisenbahn" in Nürnberg zu sehen war.

Die bayerische DXI war mit 144 Exemplaren die am meisten gebaute Lokalbahnlok.

Bei der Reichsbahn erhielt sie die Bezeichnung 98$^{4\text{-}5}$. Auf der Seku war sie bis in die 50er Jahre eingesetzt, hier bei der Ausfahrt aus Neunkirchen am Brand.

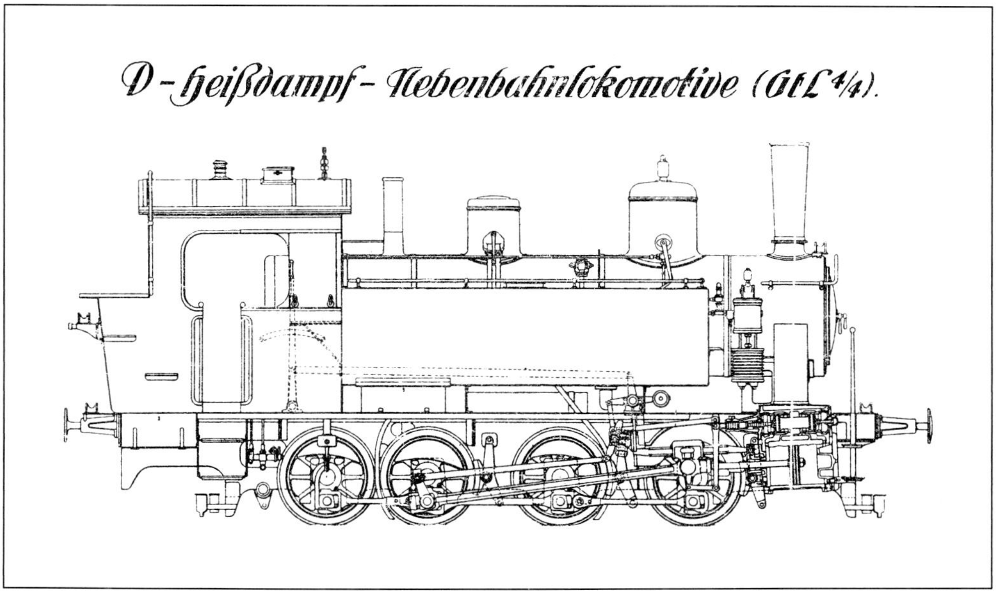

Die GtL 4/4 Baureihe $98^{8\text{-}9}$ verkehrten die letzten Jahre auf der Seku.

Die Lok 2648 wurde 1924 von Krauss in München gebaut. Diese Lok erhielt bei der Reichsbahn die Nummer 98898 und wurde 1936 mit einer Vorlaufachse ausgerüstet und in 981115 umbenannt. 1963 zog sie mit 98813 den letzten Personenzug der Seku.

98 1115 mit Unkrautbekämpfungszug in Buckenhof. Aufgenommen am 31. Juli 1963.

Die 98 812, die lange Jahre auf der Seku fuhr, ist betriebsfähig erhalten geblieben und fährt heute auf der Museumsbahn Amstetten-Gerstetten.

Dieseltriebwagen 135 076 in der ursprünglichen Reichsbahnfarbgebung. Diese Triebwagen verkehrten von 1932 bis Ende der 50er Jahre auf der Seku. Bei der Bundesbahn wurden sie in Baureihe VT 70 umbenannt.

VT 70929 am „Bahnhof Zollhaus" im Januar 1958. Ein Orginal-Triebwagen fährt heute noch auf der Museumsbahn „Dampfbahn Fränkische Schweiz" (DFS) von Ebermannstadt nach Behringersmühle.

4achsiger Triebwagen in den 30er Jahren. Ein letztes Exemplar fährt heute noch auf der Museumsbahn Buxtehude-Harsefeld.

Das letzte erhaltene Exemplar des VT175. Die Aufnahme entstand auf der Jubiläumsparade „150 Jahre Eisenbahn" am 21. September 1985 in Nürnberg-Langwasser. Imposant waren die 3 Kühleraufsätze auf dem Dach.

Ab 1953 wurden die Schienenbusse der Baureihe 95 eingesetzt.

Diese wurden später von der 2motorigen Ausführung VT 98 abgelöst. Aufgenommen am 5. Februar 1961 in Weiher.

S. Bach in „Bareither Klöß“

Die Seekuh

In Erlang in Mittelfranken
Hamms amol an Schwobnstrach gmacht,
Daß die Gsunden und die Kranken
Oft scho hamm do drüber glacht.

Hamm sa mitten of der Straßen
Über Forth nach Gräfenberg
Sich ah Boh' hibaua lassen,
Die macht fei a gfährlis Gwerg.

Wie viel Dutzend Hund und Katzen
Und derzwischen ah a Kuh
Mußten do scho obkratzen
Überfoahrn zor ewing Ruh.

Denn dös Ziegla rast mit Dampfkraft,
Frogt nix nach der Polizei,
wenn sich do net ahner zammrafft,
Aus is mit ihn und vorbei.

Dös is eigntlich net zon Lachn,
Mehr zon Greina is die Gschicht,
Doch dös senn in Stoat sei Sachn:
„Ruhe is des Bergersch Pflicht!“

Ner der Noma von den Bähnla,
Der is gschpaßi, meiner Seel,
Wie der gschriebn is worn afs Fähnla,
Lohnt sichs scho, daß ichs derzehl.

Hot sich do a Wert besunna
Dort ban Zollhaus der Station,
Bis er hot an Titel gfunna
Für sei Restauration.

Und no bestellt er sich an Moaler,
Daß der penselt af sein Schild
För drei guta preißsche Toaler
Ihn a Inschrift und a Bild.

„Gasthaus“ taaft er sich sei Buden
Und wozu? Versteht sich, zur
„Sekundärbahn“ for die guten
Dorschtgen Freinde der Natur.

Doch die Kunst is wie an Amtstag,
Der hält ei sei bstimmta Zeit,
Und su kummts, daß groad on Samstag
Unner Moaler is su weit:

Daß af seiner schwarzn Toafel
Gasthaus steht zur „Seku“ dort
Dös is freilich a Gschwoafel,
„Seku“, dös is doch ka Wort!

„Sekundärbahn“ soll mer lesen,
Dös is ner die Hölft, ka Froag!
Und su is zo lesen gwesen
Bis zon Montog nochmittoag.

Und su sengs ah die Studenten
Dös senn Spötter, wie ehr wißt;
Hamm amol die wos in Händen,
Nochet is mer überlist't.

„Seekuh“ is noch heunt der Titel,
Net vom Gasthaus ner allah,
Die gonz Boh' mit ihrn Gschittel
Muß öz goar a „Seekuh“ sa.

Wersch net waß, der könnet denkn
On a Oart von Viecherei,
Und - ich will en Stoat net kränkn -
Oder su wos is derbei.

Nomen - omen haßts lateinisch,
Wie a Kuh springt zeitenweis
Su hupft a oft weterleinisch
Unner „Seekuh“ aus'n Gleis.

Und die Foahrgäst wie Seekälber
Zerrn on ihrer Muhder rum,
Schiebeten ja net miet selber,
Müßtns lafen, sell wär dumm.

Is ja glücklich widder drinna
Und folgt ohna Widerstrebn,
Sollt ehr hörn den Lärmer inna:
„Hoch, die „Seekuh“, sie soll lebn!“

Ja, die „Seekuh“, schreit ner tüchtig,
Lebn solls meinthalb för vier,
Wenn sa ner - und dös is wichtig,
Ah läßt lebn ihr Passaschier.

Aus dem Erlanger Tagblatt vom 20. April 1935

Riskieren wir eine Fahrt von Neunkirchen nach Erlangen

So z.B. an einem Samstag. Voll von Menschen ist der Wartesaal. Meist Bauernfrauen mit vielen Körben, den Huckelkorb auf dem Rücken, an jeder Hand einen Tragkorb, bringen mit ihren melodischen Stimmen Leben in die Bude. Dazwischen zwitschern die Milchweiber, die ob ihrer „gedämpften" Laute bekannt sind. Refträger und Taubenvögte ziehen sich in den Hintergrund. Einige Reisende halten nach dem Zug Ausschau. Hinten an der Sendelbacher Höhe steigt eine lange Rauchwolke zum Himmel. Die „Mockel" kommt. Schwer wirds der Lokomotive, bis sie die Höhe heraufkommt. Man hört sie im Rhythmus schnaufen: „Dunnawetta - so - viel - Zentna! Schiebt - a bißla! Ko - bal - nimma! Helft - Helft - Helft!" Nun, da er oben ist, gehts viel schneller: „Geht-scho-widda! Geht-scho-widda! Brauch-eich-nimma!" Stolz ob seiner Leistung fährt er in den Bahnhof ein.

Man steigt ein - sucht einen Platz in den mitgebrachten drei Wägen zu erhaschen. Doch es ist eben Samstag und der Platz reicht schon in Neunkirchen nicht. Ein kurzer Pfiff - der Zug fährt. Nein, er schiebt nur retour. Der Gepäckwagen muß an die Güterhalle. Die Güter und auch Vieh werden eingeladen. Vor einem Jahr gab es dabei ein hübsches Stückchen:

„Ein durchgebranntes Kalb"

Ein Beamter öffnet den Viehwagen, in dem sich verschiedenes Vieh, darunter auch ein Kalb befindet. Eine Kuh soll eingeladen werden. Das Kalb benützt diesen Augenblick. Ein schneller Sprung, die Freiheit winkt, schon ist es auf der Straße; es geht im rasenden Lauf stadteinwärts. Einige Beamte verfolgen das freiheitsliebende Vieh. In der Nähe des Marktes gelang es endlich, das Kalb zu erhaschen und in sein Gefängnis zurückzubringen.

Nun könnte es endlich losgehen. Aber bei weitem noch nicht. Der Zug fährt vor - er schiebt zurück.

Die Seekuh rangiert

Stößt an die Güterwagen, daß die Reisenden von den Bänken fallen und mit den Köpfen zusammenstoßen. Der fette Hahn im Netz, durch die Stöße rebellisch geworden, stößt sein „Kikeriki" aus, daß die Suppenhühner zu gackern anfangen und die Tauben gurren. Dazwischen schimpfen die Reisenden. Im Viehwagen brüllen die Ochsen, brummen die Kühe, meckern die Schafe. Da gehts wie in dem Lied: „Wer hört je in der Stadt solch Stück, das ist die lustige Dorfmusik."

Doch auch das geht zu Ende. Endlich pfeift es zweimal.

Die Fahrt beginnt

Im Tempo gehts den „Schnapsbuckel" runter. Mit Schwung legen sich die Wagen in die Kurve in Richtung Dormitz. Aber bald wird die Stundengeschwindigkeit wieder geringer: die ersten Häuser von Dormitz sind erreicht. Die Zugglocke wird in Bewegung gesetzt; durch die ganze langgestreckte Ortschaft übertönt das Bimmeln der Glocke den Lärm der Straße. Wer hoffte, daß am endlich erreichten Dormitzer Bahnhof kein langer Aufenthalt nötig wäre, hat sich gründlich getäuscht. Denn hier muß erst der „Stinkerwagen“ von der Fäkaliengrube abgeholt werden. Doch auch das schafft die Seekuh mit Eleganz. Wenn es nun weitergeht, sind die drei Wägen durch die hinzugekommenen Reisenden voll geworden, sogar der Perron ist „besetzt“. Zwischen Dormitz und Weiher geht der Schaffner durch den Zug, fragend, „ob jemand nach Weiher dabei ist“. Da dies nicht der Fall ist und auch niemand an der Haltestelle Weiher steht, segelt der „Fliegende Hamburger“ ohne weiteren Aufenthalt nach Uttenreuth.

Heute steigen in Uttenreuth wenig Leute ein; die Arbeiter sind schon mit dem Frühzug gefahren.

In Spardorf beginnt das Rangieren schon wieder

Wägen mit Backsteinen müssen angehängt werden. Die Fahrgäste fragen zum Fenster hinaus, „ob der Zug hier wohl über Nacht bleiben wolle“. Doch auch das geht vorüber. Am Buckenhofer Berg wiederholte die Lokomotive ihren „Schieb“-Rhythmus. Vorher war sie mit einem solchen Tempo von Spardorf losgefahren, daß man meinte, sie wäre der „Fliegende Hamburger“. Und wirklich, ohne auszuspringen, erreicht sie Erlangen-Zollhaus. Zwar gabs in der Luitpoldstraße noch einen kleinen Aufenthalt:

Ein Hanomag steht am Bahngeleise

Um nicht mit einem „Koffer“ am Puffer durch Erlangen fahren zu müssen, hielt man eben. Ein langer Pfiff, der Chauffeur erschien, der Zugführer „ersucht“ ihn, seinen Koffer auf die Seite zu schieben.

Aus den Erlanger Heimatblättern vom 10. November 1936

Der Hüttners-Thoma erzählt von der Eröffnung der „Seekuh“

Nacherzählt von Ludwig Göhring

An einem Novemberabend des Jahres 1886 saß die Stammtischgesellschaft des Hüttners-Thoma im „Störchla“ im eifrigen Gespräch über das Tagesereignis der Probefahrt auf der neuen Bahnstrecke nach Gräfenberg beisammen, als der Thoma eintrat.

„Dä Dunnä, Thoma“, schrie einer der Gäste, „etzetla kummst endli? Wu bist denn Du gsteckt?“

„Wu wääri gsteckt sei? In Eschenau wor i mit dä neia Bohn.“

„Du?? Schneidst widdä aamol auf? Wä hot Di denn zur Probefahrt eigloden?“

„Dä Schuh, dä Burgämastä.“

Und wie alle sprachlos dasitzen, verblüfft über die handgreifliche „Spruchbeidelei“, begann der Thoma zu erzählen:

„Kommt heint frieh mei Nachbä, dä Schownschankäla on mei Fenstä und segt: Uma neina rum fäht dä Exdrazug aufn neia Bähnla mit 'm Burgämastä und die eiglodna Gäst nach Eschenau; wie wäs, Dhoma, wenn mä si di Gschicht aa a weng ohschauet? Gehst mit aufn Bohnhof? Dei Hendschi laafen Dr net dervo.“ I sog net naa, und so hatschen mä nauf aufn Bohnhof. Dä hängt vollä Fahna und Gerlanden und äs Ziegla sammt dä Lokomotiv ist mit Kränzna bhängt, und drinna in die Wäng hocken scho a Haufen Leit im Staat und die Magistrotsrät und die vom Kollegium sogor daalweis mit 'n Schlot auf, a boo von Bezirksamt, von dä Bohn und aa Beamda vo Forchem. Vorm Zug stenga und dränga sich die Leit aus Neigier. Iwärol a mordsdrumm Gwärg. Wie wä do so stenga unds 's Maul aufreissen, här i nebm mir a bekannda Stimm: „Ah, der Herr Hüttner ist auch da! Fahrn S' mit?“ Wä wors? Dä Burgämastä Schuh. „Ghorschamä Dienä“; sog i und ziech mein Schabbesdeckel. „Möng dät i scho; obbä i bin net eigloden.“ „Dut nix“, mant mei Dokta Schuh; „genge S' ner mit mir!“ und schiebt mi zum Zug hi. I hob grod nu Zeit, mein Nachbern zruckschraia: „Sog meinä Fraa, sie braucht mit'n Mitdogessen net auf mich 'warden; i machet a klaana Reis.“ Und scho hock i im Wong.

Noch ra Wal pfeifts und dä Zug fährt vo, däweil die Leit aufm Berron mit die Hiet winken und wie maschuk schreia. Des Ziegla drockelt dohi, beim Schindä biegts links ei, mir fohrn iebä die Närnbergä Stroß, immä gschwindä und gschwindä, um die Stadt rum. Alles schaut zum Fenstä naus - als hättens Erlang no net gseng. Mä siecht die Kärchesdürm und dahindä 'n Berg, siecht die Stubbelohäckä und 's Gerschdenbärgla und auf dä andern Seiden 'n Reichswald und widdä nix wie Aeckä. Weit weg obbä schaut grau dä Hetzles hä. Zur Kerschenzeit woori aamol obm und hob drobm den alden Rekdä Sartorius droffen, dä grod vo sein Lieblingsdörfla Mummä häkumma is, in Dornistä a Fetzendrumm Zwetschga-Baamis. Wie i so naufspitz, macht dä Zug widdä a Bieging, fäht langsamä und mir sen auf aamol widdä in dä Stadt. Es geht iwä die Feldstroß, durch die Ringstroß zur Buckenhofä Stroß, und auf aamol hält dä Zug. „Station Zollhaus!“ schreit dä Konduktä. A Hafden Leit stena do und schaua und schaua, als hätt kaa Mensch nu aan Eisenbohnzug g’seng. Ibäall an die Heiserna hänga Fahna raus, und wie mä widdä wegfohrn, schreit alles Hurrah!

Etzetla fohrn mä auf dä Stroßn bis vo Buckenhof. Dann geht’s um’s Dorf hindenrum a bißla vowäts und widdä auf dä Stroßen aufwäts. Mä siecht, wie mä iwä d’ Bruckn fäht, die Schwoba nundä bis noch Erlang. Und dann schreit dä Konduktä: „Haltstelle Spardorf“. Vo Spordorf siechst nadirli nix; ner dä Schultheiß vo Spordorf lädt doden seini Backstaa ei. Die Lokomotif schnauft a weng aus, nimmt dann aan Oolaf und kleddert des Bergla nauf, und bal sin mä in Uddnreith. Die ganz Gmaa steht am Bohnhof: dä Burgämastä Hofmann hält a langa Oosproch, die unsä Schuh däwiddät, und auf aamol singt a Dobbelquatett ausn Zug raus in Chor. Des hot der Schuh eiglodn kaddn, meistens Lehrä von der Liedertofel, und die ham dann an alla greßern Stationa g’sunga.

Wie i glei etz song will, hot ä ihna zum Oodenken a Dosen väehrt, die hot ausg’seng wie a Schuh. Die Schulmastä schnupfn ja vill, wal’s in dena Schulstum net immä an besten riecht.

Ibär a Wal fohrn mä widä durchs Dorf und so noh an Heisena vubei, daß mä hätt in die Fenstä langa kenna, dann am Kliegel sein Kella vobei und nei noch Weiha. Iwäall stenna die Bauern und die Bauraweiwä rum und winken. Mir winken aa, obbä gredt hot in Weihä kaans.

Drauf geht’s widdä a Bergla nauf, on aan Wald vobei, und wie mä an dä Stroßen voribä sen, die wu noch Kalchreith nauf fiehrt, sacht aanä von die Magistrotsrät: „So, etzetla sin mä in Ausland. Wenn etz aanä wos oostellt, wäd i in Obäfranken eigsperrt.“ Es hot net lang dauät, fohrn mä durch Dormitz. Die Leit stena undä dä Tie oddä schaua zu die Fenstä raus, winkn und schreia, und die Kindä laafn nebern Zug hä, bis ihna dä Schnaufä ausgeht. Und wie mä aussn Ort draus sin, läft alles widdä ons Fenstä und sagt: „Ah!“ Denn etz dut si die Welt auf: links dä Hetzles und dä Lindlberg und rechts die Kalchreithä Höh mit ’n Duurm vo Kalchreith, Reckahof und Keeswassä und vor aan Neikärng und drobm sei Bierkellä. Und vor laudä Schaua merkn mer kaum, daß mä in Neikärng sin.

Do hättet ’r wos seng kenna: Am Bohnhof steht ’n Kern sei Musik und bläst, wos blosn konn, und die Lehrä mit ihrn Schulkinderna sin aufmaschiert, und dä Dechent oddä wos ä woo, is aa dabei und a Hafden Leit vondä ganzn Umgegend und die schena Bauramadli lachen mit ihri weissn Zäh, und dann hält aanä a Red, i glab, es woo dä Hubmann dä Landrot, und läßt unsän Burgämastä Schuh lehm, und alles schreit „Fifat hoch!“ und die Musik bläst aan Dusch. Drauf hält aa dä Schuh aa Red und red vo dä gudn Nachbäschaft und von Nutzen, den die Eisenbohn bringa wäd, und läßt am End Neikärng lehm. Des Dobbelqaatett singt a Lied. Und fort geht’s widdä auf Klaa-Sendelbach, auf Staabach, niwä iwä d’ Schwobach noch Brand und endli noch Eschenau.

Obbä des werd’t ihr ja alles morng im „Dogblatt“ lesen. Wos i eigentli song wollt, is wos andersch. Nämli: worum s’ des Bohn-Gleis auf d’ Stroßn glegt ham. Und doriewä hot unsä Burgämastä auf’m Haamweg gredt. I woo in selbm Wong und hob zughät, wos ä mit die Herrn gsprochen hot. „Mir ham etz“, hat ä oogfangt, „a neis Hindäland, des vo rechtsweng eigentli noch Närnberg inklaniert. Gräfenberg hat ja friehä zu Närnberg ghät, und die Närnbergä ham aa vor 10 Johr noch Gräfenberg a Bohn g’wollt. Obbä dä Stoot hot doomols ka Geld hägeem und mit dä Bohn wor’s Essi. Wie i dann anna aanadachzk noch Erlang kumma bin, hob i ’s vo daden aus browiert, hob mit die Ortschafden weeng die Grund-Odredunga verhandelt, und alla bis nauf noch Forth worn eivästanden.

Ner Gräfenberg hot oofangs net mitdu; denn, hot 's g'haaßen: „Wos gena uns die Erlangä oo: mit Erlang ham mä nix z'schaffen." Obbä zuletzt hams eigseng, daß dä Spotz in dä Händ doch bessä is als a Daum aufn Dach und ham si zur Grund-Odredung eivästanden. Nämli die Gschicht, daß es iwähapts a Bohn gibt, wä die: den Grund und Boden, auf den dä Bohn dann läfft, ham die Ortschafden gschenkt, und daß es so billich wie mögli kummt, fäht dä Zug, so lang's geht, auf dä Stroßen. Auf die Weis fähd ä durch Uddenreith, Weihä, Dormitz und Brand. No muß dä Lokamativfiehrä orntli schelln, daß kaans iwäfohrn werd. Mit die Schnellzieg konn mä nadierli auf ra sodden Streck net fohrn, scho net weng 'n schwächän Undäbau. Obbä es is halt doch wos anders, mä fäht in aan bequema Wong in ra Stund vo Eschenau noch Erlang, als mä muß si finf Stund odrampeln und sein schwern Schubkarrn schiebm. Die Neikärngnä loden ihr Obst in ihrn Bohnhof ei und in Erlang aus und kenna mit'n Middogszug scho widdä haamfohrn. Und wenn die Gräfenbergä aa aan Umweg machen miessen, wenn's noch Närnberg eikaafen wollen, so brauchn s' dazu in Zukunft kaa sechs Stund hi und sechs hä, sondern höchstens sechs hi und hä, und iebrigens kenna s' die Wor in Erlang grod so gut ham wie in Närnberg. So ham die Erlangä Geschäftsleit an Brofit. Und wä kinfti an Ausflug machen will, noch Kalchreith und Eschenau, in die Neikärngä Gegend oddä goo noch Gräfenberg und Egloffstaa, hots etzetla leicht und is omds widdä dahaam."

Und wie dä Burgämastä des alles hoorklaa däklärt, is finstä worn, und wie mä in Erlang okumma sen, woos Nacht. Alles gibt si di hend, bedankt si schee und steigt aus. „Nun, Herr Hüttner", sagt dä Burgämastä zu mir, als ä on mir vobeigeht, „hat's Ihnen gefallen? Und sind Sie zufrieden?" „Herr Burgämastä", sog i drauf, „Wie kenna S' ner so frong! Des Stickla wus' doo väiwt ham, macht Ihna so leicht kaanä nooch. Und i dank Ihna halt recht schee, daß mi mitgnumma ham." „Nix z'danken", erwidät ä. „Aa Ehr is dä andern wert. Wissen S' no, wos mä domols iewern Saugrobm dischgeriert ham? Des Middela hot gholfen".

Aus dem Erlanger Tagblatt vom 17. November 1936

Umstellung auf den Triebwagenverkehr

Das waren mittlerweile unhaltbare Zustände geworden. Immer lauter und dringender wurde der Ruf nach Abhilfe und Verkehrsverbesserungen. Schließlich sah sich auch die Reichsbahnverwaltung angesichts der steigenden Unwirtschaftlichkeit des Betriebes der Lokalbahn Erlangen–Eschenau genötigt, Versuche und Rentabilitätsberechnungen mit einem anderen Verkehrsmittel anzustellen. Schon spukte ja auch der Plan, die Bahnlinie ganz aufzulassen und den Verkehr mit Kraftfahrzeugen zu bewerkstelligen. Von der Durchführung dieses Planes wurde jedoch wieder abgesehen. Die Reichsbahn ihrerseits war schon von 1930 ab bemüht, durch verstärkten Einsatz von Triebwagen auf bestimmten Strecken die Verkehrsmöglichkeiten zu verdichten und den Betrieb zu beschleunigen. In Verfolg dieser Bestrebungen wurde dann ab 1. April 1932 auch die Nebenbahn Erlangen–Eschenau auf eine neuzeitliche Betriebsweise umgestellt. Dies war vor allem auch möglich durch die Genehmigung größerer Höchstgeschwindigkeiten auf den Teilstrecken der Bahnlinie, die in den Ortschaften und auf der Landstraße verlaufen, seitens der zuständigen Aufsichtsbehörden. Außerdem wurden die Aufenthaltszeiten an den einzelnen Stationen verkürzt. Die Gesamtfahrzeit der Bahnlinie Erlangen–Eschenau konnte dadurch um rund ein Drittel von 85 auf 60 Minuten herabgesetzt werden, bei insgesamt 11 Halten. Außerdem wurde der Verkehr von diesem Zeitpunkt ab wesentlich verdichtet und statt ursprünglich zwei und drei Zugpaare verkehren heute werktags sechs, sonntags bzw. im Sommerfahrplan sieben Zugpaare auf der Strecke.

Für den Güterverkehr blieb nach wie vor der Dampfzugbetrieb bestehen, auch die Personenbeförderung geschieht zum kleineren Teile noch mit Dampfzug, in der Hauptsache jedoch mit Triebwagen. Der schmucke, mit Warmwasserheizung und bester Beleuchtung versehene Triebwagen macht eine Fahrt auf der Strecke Erlangen–Eschenau und weiter nach Gräfenberg durch unsere reizvolle engere fränkische Heimat zu einem Genuß. Mit der Einführung des Triebwagens hat sich auch der Verkehr wesentlich gehoben. Freilich, der Reiz der Romantik ist geschwunden, dafür aber ist eine ganz wesentliche Verkehrsverbesserung und Verkehrsverdichtung eingetauscht worden. Hinsichtlich der Fahrplangestaltung, gibt es gewiß auch heute noch Wünsche, vielleicht finden sie im Jubiläumsjahr der Bahn Erfüllung. Bedauerlich war und bleibt besonders heute bei der gewaltig fortschreitenden Steigerung des Kraftwagenverkehrs die Führung der Bahn durch die Stadt und in geschlossenen Ortsteilen. Immer wieder ereigneten sich bei den schienengleichen Überfahrten Unfälle und besonders gefürchtet war hier bis vor wenigen Jahren die Überfahrt an der Nürnberger Straße. Schließlich mußte die Reichsbahn an dieser Stelle zur Aufstellung einer elektrischen Blinkanlage schreiten. Nach menschlichem Ermessen ist nun auch an dieser Überfahrt die Verkehrssicherheit weit besser gewährleistet. Selbstverständlich ist auch entsprechende Verkehrsdisziplin und Aufmerksamkeit der Kraftfahrer wie aller Fahrzeuglenker notwendig.

Fünfzig Jahre hat die Lokalbahn Erlangen–Gräfenberg bzw. Erlangen–Eschenau dem öffentlichen Verkehr gedient und zu ihrem Teil mit an einer möglichst engen Verbindung zwischen Stadt und Land beigetragen. Sie hat für die beteiligten Städte und Gemeinden zweifellos wirtschaftlich belebend gewirkt und Segen gebracht. Sie wird auch künftighin, das ist unsere Überzeugung, ihre Bedeutung als ein wichtiger Verkehrsfaktor zwischen Erlangen und den Gemeinden des Schwabachgrundes zum Nutzen aller beibehalten.

Aus dem Erlanger Tagblatt vom 17. November 1937

Es war ein gemütliches Fahren

Ein halbes Jahrhundert vermittelt nunmehr die Nebenbahn den Verkehr zwischen der Stadt Erlangen und den Gemeinden des Schwabachgrundes. Sie hat die bei ihrer Inbetriebnahme hinsichtlich einer engeren wirtschaftlichen Verflechtung von Stadt und Land gehegten Erwartungen wohl zum großen Teil erfüllt. Der Landbevölkerung war die Möglichkeit geboten, bequemer und vor allem weniger zeitraubend als vorher ihre Erzeugnisse den Stadtbewohnern zum Kaufe anzubieten und auf der anderen Seite konnte sie ihrerseits den Bedarf an Gebrauchsgegenständen für Haus und landwirtschaftlichen Betrieb in der Stadt günstig decken. Ebenso war der Verkehr mit den zuständigen Behörden erleichtert, auch für den Ausflugsverkehr wurde die Lokalbahn von steigender Bedeutung. Wichtig war auch, daß die auf dem Lande wohnenden und in der Stadt beschäftigten Personen, ebenso die Schüler höherer Schulen Arbeitsstätte und Schulanstalt mit der Erbauung der Bahn leichter erreichen konnten.

Bei der sprunghaften Entwicklung der Verkehrstechnik in der Zeit nach dem Kriege konnte freilich die Sekundärbahn allmählich ihren wirtschaftlichen Zweck

nicht mehr in dem wünschenswerten, Stadt und Land gleichermaßen befruchtenden Maße erfüllen. Einen großen Abbruch hatte der Bahn vorher schon die ebenfalls von Bürgermeister Dr. Schuh nach seiner Berufung an die Spitze unsrer großen Nachbarstadt Nürnberg geförderte Errichtung der Bahnlinie Nürnberg – Nordostbahnhof – Eschenau – Gräfenberg getan. Sie löste die Gemeinden von Gräfenberg bis Eschenau und noch mehr gegen Erlangen zu bald aus dem Wirtschaftsgebiet von Erlangen los und brachte sie in das Einzugsgebiet der Großstadt Nürnberg. Mit der Eröffnung der Nebenbahn Nürnberg–Eschenau–Gräfenberg, wurden die Züge von Erlangen auch nur mehr bis Eschenau geführt; wer in Richtung Gräfenberg weiterfahren will, muß in Eschenau umsteigen. Nur ein Triebwagen täglich läuft heute von Erlangen direkt bis Gräfenberg und von da wieder zurück nach Erlangen.

Dazu kam ferner, daß die Güterbeförderung zum größten Teile vom Kraftwagen übernommen wurde, während für den Personenverkehr der Dampfzugbetrieb doch recht vorsintflutlich geworden war. Die Anlage und Länge der Bahn mit den großen Umwegstrecken, um ja möglichst jede Gemeinde direkt zu berühren, das Wagenmaterial und seine Ausstattung, die Betriebsweise, die lange Fahrzeit usw. bildeten lange Jahre hindurch willkommene Zielscheiben für beißenden Spott und es verging in früherer Zeit – wir von der älteren Generation wissen es ja alle und haben selbst beim Spotten tüchtig mitgeholfen – kaum eine Woche, wo nicht wieder ein neues nettes Stückchen von der „Seekuh" die Runde in Stadt und Land machte. Im Laufe der Jahre hatte sich ein mächtiger Strauß von Anekdoten, zum Teil Wahrheit, zum Teil auch Dichtung, um das Bimmelbähnchen gebildet. Tatsächlich ging es ja auch recht gemütlich zu auf dieser Lokalbahn. So eine Heimfahrt nach einer schönen Tageswanderung auf den Hetzles oder Lindelberg, in die Gräfenberger oder Kalchreuther Gegend wurde zu einem wahren Erlebnis. Kaum saß man in Eschenau im Zuge, wurde mit dem Rangieren begonnen und die planmäßige Abfahrt verzögerte sich. Nach kurzen Aufenthalten an den Haltepunkten Brand, Steinbach und Kleinsendelbach in Neunkirchen a. Br. wieder längere Wartezeit; Rangieren und Hinterstellen auf einem Nebengleis, in Dormitz gleichfalls An- und Abhängen von Güterwagen. Schließlich war glücklich Uttenreuth erreicht. Hier wurde neuerlich eine Viertelstunde Wartezeit eingelegt, die nicht selten vom Zugspersonal und auch von Fahrgästen zum Anfeuchten inzwischen durstig gewordener Kehlen benutzt wurde. An der Spardorfer Haltestelle wurden abermals Rangiermanöver durchgeführt. Nun aber wurde Volldampf gegeben, um die Steigungen bei der Erziehungsanstalt Puckenhof zu nehmen, aber o weh, die Maschine schaffte es nicht, es ging wieder zurück, schließlich glückte es beim zweiten oder dritten Anlauf, der Haltepunkt Buckenhof war geschafft. Dann aber Tempo, schon kamen das Stadtgebiet von Erlangen, die Kasernen in Sicht. Nun wieder gemächliche Fahrt durch die Luitpoldstraße, in Erlangen-Zollhaus ist noch einmal längerer Aufenthalt. Endlich fährt der Zug in den Bahnhof Erlangen ein. Normal 1½ Stunden also brauchte der Dampfzug für die Strecke von Erlangen nach Eschenau, das 15 Kilometer entfernt ist und von einem guten Fußgänger bequem in 2½ Stunden erreicht wird.

Wanderung entlang der Strecke

Bilder aus der 77jährigen Bahngeschichte

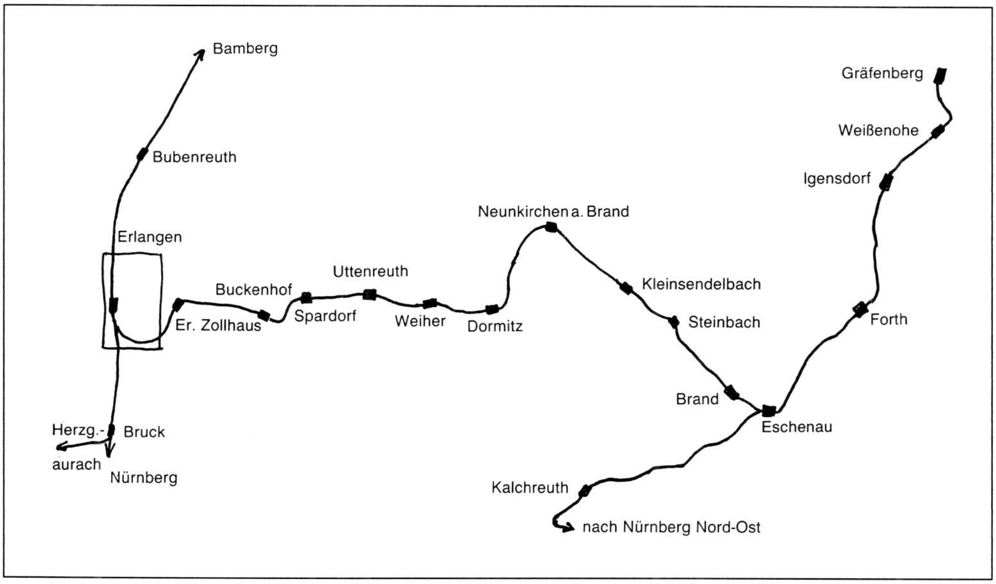

So sah der Erlanger Bahnhof zur königlich Bayerischen Zeit aus. Zwei Lokalbahnzüge warten auf ihre Abfahrt. Noch gab es den beschrankten Bahnübergang an der Inneren Brucker Straße. Die Unterführung an der Güterhallenstraße war noch nicht gebaut.

haus z. schwarzen

Normalprofil für die Bahnführung auf der Districtsstrasse Erlangen bis Eschenau.

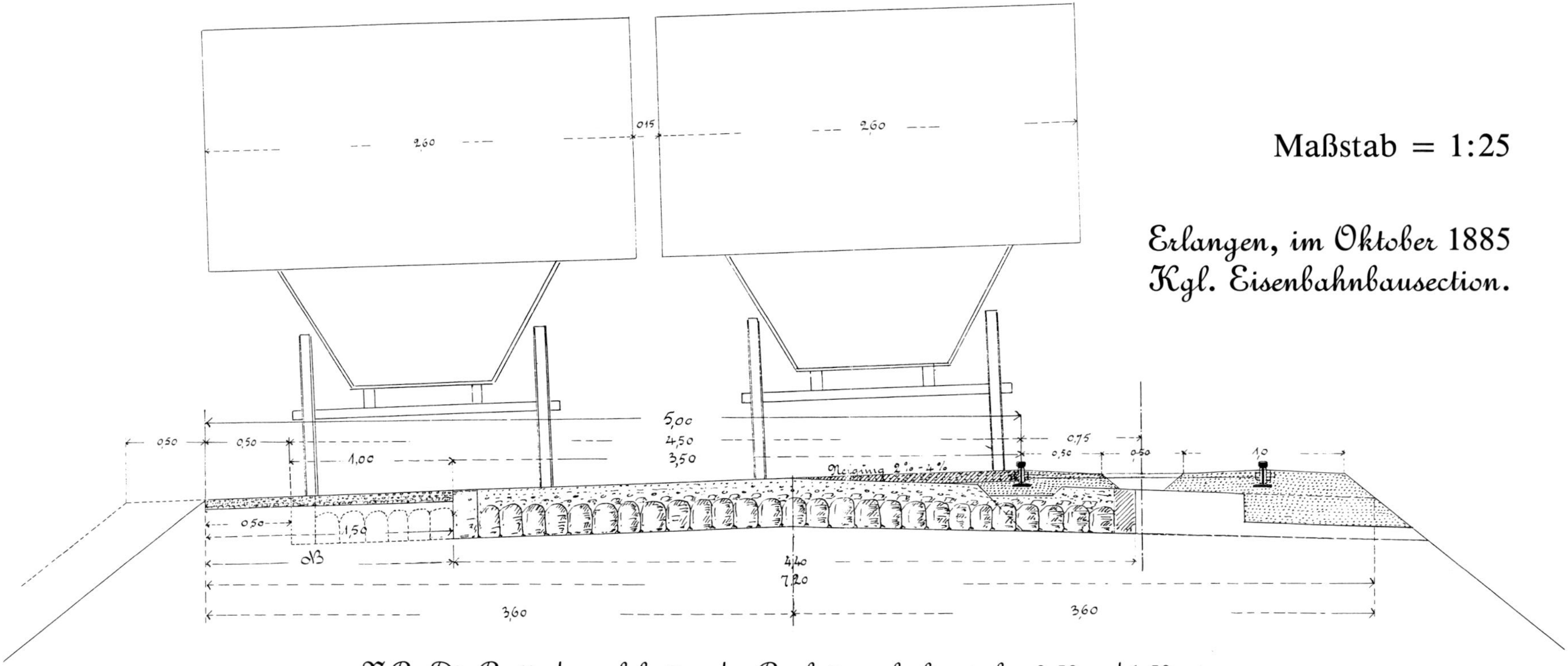

Maßstab = 1:25

Erlangen, im Oktober 1885
Kgl. Eisenbahnbausection.

NB. Die Breite des zu befestigenden Banketts wechselt zwischen 0,50 und 1,50 mtr.

Dieser Plan zeigt, wie sehr sich die Bahn und die Fuhrwerke gegenseitig behinderten. Die Schienen sind ohne Schwellen, nur mit Spurhaltestangen verbunden, direkt in den Sand gelegt, was zu häufigen Entgleisungen führte.

Bei Gossen verläßt der Zug die Hauptstrecke und biegt in die Ringstraße ab.

Der Übergang an der Nürnberger Straße, damals noch die B4, war mit der einzigen Schranke der Strecke gesichert.

Zwar gab es hier schon vor dem Krieg ein Blinklicht, doch war es 1952 wohl nicht mehr vorhanden und wurde durch diese „lebende Schranke" ersetzt.

Heute mündet hier die Hochstraße ein.

Triebwagen VT 70 überquert die Nürnberger Straße.

1952 hieß die Werner-von-Siemens-Straße noch Ringstraße. Leider ist nichts mehr darüber bekannt, ob der Triebwagen auf dem eingezäunten „Bahnsteig" neben der Kreuzung für die Mitarbeiter der Firma Siemens hielt.

Um das Baumaterial mit der Bahn zur Siemens-Großbaustelle zu bringen, wurde ein eigenes Anschlußgleis errichtet.

◁ *Etwa 1952 entstand diese Luftaufnahme vom Siemens-Himbeerpalast.*

Die Kreuzung Siebold-, Zeppelin-, Ring- (heute Werner-von-Siemens)straße Mitte der 50er Jahre.

Die neue und die alte Zeit begegnen sich.
oben: Der Frühzug nach Erlangen am 5. Februar 1962
unten: Der Frühzug von Erlangen

Lok 98 812 mit Zug 2123 an der Kreuzung Werner-von-Siemens-Straße/Mozartstraße am 23. März 1962.

Der Triebwagen an der selben Stelle am 7. Juli 1959.

Zug 2110 Kreuzung Werner-von-Siemens-Straße/Mozartstraße am 24. Juli 1959.

So sah der Triebwagenführer die Kreuzung Werner-von-Siemens-Straße/Henkestraße.

Groß war der Andrang der Mitreisenden am „Bahnhof" Zollhaus.

Im Erlanger Tagblatt vom 20. April 1935 stand folgendes Gedicht

Die Seekuh und ihr Kälbla

I man es fehln blos nu a poor,
No sens meinad scho fuchzig Johr,
Daß unser Seekuh Tog fer Tog,
Noch Osten fährt mit Müh und Plog.

Vo Freiheitsgfühl mit Macht durchdrunga,
Wie oft is aus die Schiena gschbrunga.
Denn des sicht ei die größta Wafn
A Kuh will af da Stroßn lafn.

Ja wies nu jung wor, sagt der Görg:
„Is naufgfohrn bis af Gräfenberg"
Und später do hot gsorgt der Schuh,
Daß ghat in Eschenau ihr Ruh.

Doch des läßt si nett ändern halt,
Mit der Zeit werd a a Seekuh alt.
Und müd von vieln Güterschleppn
Von gscheidn Menschna und von Deppn.

Drum von an richtin Schnellverkehr,
Wor ja scho längst ka Red net mehr.
Do hots der Himmel selber gfügt,
Die Seekuh hot a Kälbla kriegt.

A Seekalb, Dunerwetter nei,
Des greift sofort in Dienst mit ei,
Noch Osten nauf rennts af da Boh
Und wie der Blitz is widder do.

Wal die Reichsboh gscheid, mitunter
Drum is a weiter gor ka Wunder,
Daß übergibt den junga Tier,
Von gsamtn Dienst, die Passagier.

Die schafft es Kälbla frisch und heiter,
Untern langa Buckl weiter,
Und wer net raucht, wal er muß sporn,
Derf ohna Aufschlog polstert fohrn.

Die alta Seekuh, recht schö stad,
Fährt blos nu Frachtn früh und spat.
Und pfeift und tut ganz schreckli prustn
Des laut fast, als ob Menschn hustn.

Bein Kälbla is a anders Ding.
Es singt Sopran zun gling klang gling.
Und eilts durchs Dorf in schnelln Lauf
Reißt alles Tür und Fenster auf.

Mer soll kan Fortschritt von sich weisn
Selbst wenn er ro kumt von die Preißn
Drum wolln mer glei, do gibts ka wanken
Uns bei der Reichsboh a bedankn.

Verträumt liegt der Haltepunkt Zollhaus in der Mittagssonne. Wäre er nicht ein hervorragendes Vorbild für die Modellbahn?

Traurig und ungepflegt sah in den letzten Betriebsjahren die Rückseite des Zollbahnhofes aus.

Soeben ist der Zug Nr. 2116 aus Eschenau eingefahren.

Der Verkehrspolizist signalisiert „Zug abgefahren". Aufgenommen am 17. Mai 1960.

Die „Restauration zur Sekundärbahn", ihr verdankt die Bahn den Namen „Seku". Das Bild wurde kurz nach der Jahrhundertwende aufgenommen.

Die Fassade wurde schlichter und aus der Restauration eine Gaststätte.

Die Seku überquert die Gebbertstraße und biegt in die Luitpoldstraße ein.

Der Zug fährt in die Luitpoldstraße.

Oft kam es hier zu Unfällen.

Auf dieser Postkarte kann man gut erkennen, daß in der Luitpoldstraße die Schienen früher in der Straßenmitte verlegt waren. Noch waren die Schienen ohne Schwellen, nur mit Spurstangen verbunden, in den Schotter gelegt.

Wären alle Züge so voll gewesen, die Seku würde sicher noch heute fahren.

2 Loks 98813 und 98894 ziehen den langen Zug mit angehängtem Schienenbus am 28. Juni 1961. Die Zug-Nr. war 2120.

Die „Straßenbahn“ in der Luitpoldstraße.

Ein unplanmäßiger Halt, wie er öfters vorkam.

Triebwagen nach Eschenau kurz vor der Erlanger Stadtgrenze. März 1960.

Wo heute die Wendeschleife der Stadtbuslinie nach Buckenhof ist, verließ früher der Bahnkörper die Straße.

Der Haltepunkt Buckenhof ist erreicht. (Der Herr neben der Lok ist Herr Jackson aus Leeds in England, dem wir viele Fotos in diesem Buch verdanken.)

Von dort fuhr sie einen Bogen um das Jugendheim Puckenhof und mündete wieder in die Landstraße.

... die sie auf einer gemeinsamen Brücke überquerte.
Auf der Schwabachbrücke kreuzten sich Bahn und Straße.

Hier liefen die Schienen in einem so spitzen Winkel über die Straße, daß sie so manchem Radfahrer zum Verhängnis wurden.

Lok 98812 und 98861 mit Zug Nr. 2124 auf der Schwabachbrücke am 24. Juli 1962.

Haltestelle Spardorf. Hier hatte der Stationsvorsteher Krank (vorne im Bild) seine „Restauration zur Eisenbahn“, die später auch „Gasthaus zur Haltestelle“ hieß. Das Gebäude existiert noch.

30 Jahre liegen zwischen den beiden Bildern der Haltestelle Spardorf. Hier hatte die Dampfziegelei Schultheiß einen eigenen Gleisanschluß. Bahn und Straße wurden damals von einer Lorenseilbahn überquert, die den Sand aus den naheliegenden Gruben zur Ziegelei transportierte. Rechts an den Bildrändern erkennt man deren Stützpfeiler.

Bahnhof Uttenreuth, ca. 1910, direkt neben der Dorfstraße.

Die Dienstwohnung existiert noch, ist aber ihrer Holzverkleidung beraubt.

Haltestelle Uttenreuth: Hier gab es ein Ausweichgleis mit Güterschuppen und einen Anschluß an die Fleischfabrik Bär, die entscheidend zum Güteraufkommen der Bahn beitrug.

Gegenüber dem Bahnhof war die Bahnhofgaststätte.

Einer der letzten Triebwagen aus Erlangen fährt im Februar 1963 in die Uttenreuther Bahnhofsgleise.

Dort begegnet er dem fleißig rangierenden Güterzug aus Neunkirchen.

Lok 98812 und 98861 in voller Fahrt durch die Uttenreuther Dorfstraße. Aufgenommen am 24. Juli 1962.

Derselbe Zug zwischen Uttenreuth und Weiher, direkt neben der Landstraße.

Weiher; nur noch ein Fahrgast wartet auf den Zug. Heute benutzt die Dorfstraße den ehemaligen Bahnkörper.

Haltepunkt Weiher. Als diese Aufnahme entstand, war der Personenverkehr schon stillgelegt.

Heute hat die Straße über Bahn und Bach gesiegt, die Schienen sind herausgerissen, das Bachbett unter ihr „verrohrt". Auch ein Teil der Scheune hinter dem Gasthaus wurde dem Straßenverkehr geopfert.

An der Haltestelle Weiher wartet der Schienenbus auf die Abfahrt.

V100 1144 mit einem Güterzug auf der Dorfstraße in Weiher. Aufgenommen 1963.

Am Ortsausgang von Weiher begegnet der Triebwagen, der aus Dormitz kommt, einem Militärfahrzeug.

Anläßlich eines Lokaltermins zwischen Dormitz und Weiher. Der auf Seite 99 beschriebene Unfall wird nachkonstruiert.

Idyllisch liegt der Halteplatz Dormitz am Dorfrand.

Die Station Dormitz im Jahr 1963. Heute benutzt die Straße die ehemalige Bahntrasse. Der Schuppen am Ladegleis wurde erst vor wenigen Jahren abgerissen.

Der Triebwagen fährt in Dormitz wieder auf die Dorfstraße.

Die Ortsdurchfahrt von Dormitz.

Dorfidylle in Dormitz am 8. Februar 1957.

Dieselbe Stelle wie beim letzten Bild, nur einige Jahre später.

Für die „Mofarocker" ein alltäglicher Anblick.

Dieses Foto entstand ca. 1930.

In Dormitz wußten die Reisenden immer, was die Hausfrauen in der Küche kochten.

Zug 2120 bei der Durchfahrt durch Dormitz am 7. Juli 1961.

Der Güterzug auf der Dorfstraße.

Neunkirchen am Brand. Ab Mai 1961 endete hier die Strecke. Das Bahnhofgebäude ist erhalten geblieben und beherbergt heute den Neunkirchener Heimat- und Trachtenverein.

98 839 beim Rangieren in Neunkirchen am 5. August 1961.

98 522 bei der Ausfahrt aus Neunkirchen am Brand. Aufgenommen im Jahr 1951.

Hinter Neunkirchen schlängelte sich die Seku den Berg hinauf in Richtung Kleinsendelbach. Heute ist die Trasse ein Fahrradweg.

Nach erklommener Steigung ein Blick zurück auf Neunkirchen am Brand.

In Kleinsendelbach steigt der Dorfdiener zu.

Haltepunkt Kleinsendelbach am 15. April 1961.

Von Steinbach ließ sich kein anderes Bild finden. Die große Halle links ist heute zu einem Möbelcenter umgebaut.

Der Dampfzug in voller Fahrt von Brand in Richtung Steinbach.

Ortsdurchfahrt Brand. Obwohl hier die Straße schon geteert war und die Schienen zwischen Pflaster lagen, wurde dieses Streckenstück als erstes stillgelegt.

Der Schienenomnibus VT95 mit Beiwagen auf der Fahrt durch Brand.
An derselben Stelle wie oben nutzte der Fotograf die Gelegenheit, ein Bild von der Plattform des letzten Wagens zu schießen.

Die Westseite vom Bahnhof Eschenau am 15. April 1961. Das rechte Gleis führt nach Erlangen, das linke nach Nürnberg Nord-Ost. Der Lokschuppen beherbergte die Seku-Lokomotiven.

Zwei Züge sind eingefahren. Rechts die Seku aus Erlangen, links der Zug aus Nürnberg nach Gräfenberg. Aufgenommen am 26. März 1960.

So präsentiert sich das Bahnhofsgebäude Eschenau heute.

Triebwagen 614013 + 914007 + 614014 am 2.8.1975 auf dem noch existierenden Streckenabschnitt zwischen Eschenau und Gräfenberg beim Haltepunkt Rüsselbach.

In Gräfenberg, der ehemaligen Endstation der Seku, rangiert eine Dampflok der Baureihe 86.

Auszüge aus dem letzten Buchfahrplan vom 2. Oktober 1960. Der Abschnitt Neunkirchen am Brand - Eschenau ist schon stillgelegt, im Fahrplan aber noch nicht berücksichtigt, und vom Betriebspersonal ausgestrichen worden.

Vorbemerkungen

Teil A. Allgemeine Erläuterungen (Siehe Sonderheft DV 40851)

Teil B. Bestimmungen für örtliche Besonderheiten

1. Zu I C: Bei den Güterzügen mit Personenbeförderung (Gmp) werden die Verkehrstage (W, S, Sa usw) wie bei den Personenzügen im Kopf des Fahrplans angegeben. **Gmp ohne besondere Kennzeichnung verkehren täglich.**

2. Auf Nebenbahnen, die nach den FV betrieben werden, ist bei Kreuzungen auf Bahnhöfen ohne Einfahrsignal durch Fußnote unter dem Fahrplan auf die Nummer des Gegenzuges und auf die Reihenfolge der Einfahrt hingewiesen.

   Wenn auf Bahnhof Wilhermsdorf ein Regelzug mit einem Bedarfszug kreuzt, so ist der (als zweiter Zug einfahrende) Regelzug durch **folgenden Befehl Ad** zu verständigen:

   „Zug ...... hält an der Trapeztafel des Bahnhof .... und wartet Einfahrauftrag durch Signal „Kommen“ ab.“

   Verantwortlich hierfür ist der Fdl des Bahnhof Wilhermsdorf. Er läßt den Befehl Ad durch einen rückgelegenen Haltebahnhof aushändigen und sich dies bestätigen. Erst nach Eingang der Bestätigung darf er den Zug annehmen.

   (Zusatzbestimmungen für die Nebenbahnen, auf denen die Fahrdienstvorschriften gelten, zu FV § 35 Seite 7).

4. Auf der Strecke Erlangen—Eschenau (Mittelfr) bedeutet der Stern * in Spalte 2 im Zusammenhang mit der Geschwindigkeitsbeschränkung auf 15 km/h

   * In diesem Streckenabschnitt gilt die Straßenverkehrsordnung. Die Eisenbahn hat hier keinen Vorrang. Die angegebene Geschwindigkeit ist die zulässige Höchstgeschwindigkeit. Die tatsächliche Geschwindigkeit ist entsprechend der Verkehrslage auf der Straße und ohne Rücksicht auf den Fahrplan so einzurichten, daß der Zug nötigenfalls rechtzeitig anhalten kann.

6. Übersicht der Geschwindigkeitsbeschränkungen an Bahnübergängen

Lage des Bahnüberganges: km	Lage des Bahnüberganges: Betriebsstelle oder zwischen Betriebsstellen	Beschränkung der Höchstgeschwindigkeit auf km/h: Richtung	Beschränkung der Höchstgeschwindigkeit auf km/h: Gegenrichtung
	Strecke: Erlangen—Gräfenberg		
10,038	Dormitz	↓ 15	↑ 15
11,956	Neunkirchen a Brand	15	15
12,165	Neunkirchen am Brand	15	15
12,202	Neunkirchen am Brand	15	15
14,992	Kleinsendelbach—Steinbach	15	15
15,795	Steinbach	20	20

Strecke: Erlangen—Gräfenberg

Vereinfachter Nebenbahndienst Erlangen Pbf—Eschenau (Mittelfr)

Ptob 2104 W [6. I.] (31,1) 2. Klasse

Gräfenberg—Eschenau (Mittelfr)—Erlangen Pbf

VT 98+VB+VS — 61 Mindestbr

Lage der Betriebsstelle km	Höchstgeschw und Beschränkungen km/h	Betriebsstellen, ständige Langsamfahrstellen, verkürzter Vorsignalabstand	An der Trapeztafel hält Zug	Ankunft	Abfahrt	Kreuzung mit Zug	überholt / wird überholt durch Zug	Zuglauf meldg. durch
1	2	3	4	5	6	7	8	9
27,9	—	**Gräfenberg**			400			
26,4		Weißenohe Hp . . .		×	03			
24,8	50	Igensdorf		407	07	12923 nS		
23,5		Rüsselbach Hp . . .		×	10			
21,3		Forth		14	15			
18,8 19,0		**Eschenau (Mittelfr)** . .		19	20			
	40	**18,4**						
	15*	**17,5**						
17,3	40	Anschl Brand (Mfr) Hst		×	26			
	30	**16,0** **15,9**						
15,6		Anschl Steinbach Hst .		×	30			
14,8	40	Kleinsendelbach Hp .		×	32			
12,2		Neunkirchen a Brand .		38	39			
	15*	**11,0** **10,2**						
10,0	40	Dormitz Hst		46	46			
		9,8						
8,5	15*	Weiher Hp		×	53			
	40	**8,0**						
6,6		Uttenreuth		500	501			
5,5	15*	Anschl Spardorf Hst .		×	07			
4,7		Buckenhof Hp		×	11			
	20	**4,3**						
	15*	**3,2** **2,4**						
2,3	20	Erlangen-Zollhaus Hp Ag		19	20			Zf
		1,2						
	40	**E**						
0,0	30	**Erlangen Pbf**		527				

* siehe Vorbem. B 4

Ptob 2113 W [6. I.] (31,1) 2. Klasse (Sa=Pb, 31,1)

Erlangen Pbf—Eschenau (Mittelfr)

Zlok 98^8 an Sa, Vt 95+VB W [Sa] **Last** Er—Nbr **120 t**, Nbr—Esch **100 t** an Sa **48 Mindestbr**

Lage der Betriebsstelle km	Höchstgeschw und Beschränkungen km/h	Betriebsstellen, ständige Langsamfahrstellen, verkürzter Vorsignalabstand	An der Trapeztafel hält Zug	Ankunft	Abfahrt	Kreuzung mit Zug	überholt / wird überholt durch Zug	Zuglauf meldg. durch
1	2	3	4	5	6	7	8	9
0,0		**Erlangen Pbf**			**1220**	16004 B 2112 B		
	40	**1,2**						
2,3	20	Erlangen-Zollhaus Hp Ag		**1226**	**27**			
	15*	**2,4**						
	20	**3,2**						
		4,3						
4,7		Buckenhof Hp		**36**	**37**			
5,5	15*	Anschl Spardorf Hst .		**40**	**41**			
6,6		Uttenreuth	⏢ 2113W	**46**	**47**	2114		Zf
		8,0						
8,5	40	Weiher Hp		×	**55**			
	15*	**9,8**						
10,0	40	Dormitz Hst		**1303**	**1304**			
	15*	**10,2**						
		11,0						
12,2		Neunkirchen a Brand .	⏢ 2113W	**12**	**13**	9642 W		Zf
14,8	40	Kleinsendelbach Hp .		**18**	**19**			
15,6		Anschl Steinbach Hst .		**21**	**22**			
	30	**15,9** **16,0**						
17,3	40	Anschl Brand (Mfr) Hst		**26**	**27**			
	15*	**17,5** **18,4**						
19,0 18,8	40	**Eschenau (Mittelfr)** . .		**1333**				
21,3		Forth						
23,5		Rüsselbach Hp						
24,8	50	Igensdorf						
26,4		Weißenohe						
		E ⊢						
27,9	30	**Gräfenberg**						

* siehe Vorbem. B 4

Pto 2114 (30,1) 2. Klasse

Gräfenberg—Eschenau (Mittelfr)—Erlangen Pbf

VT 98+VB+VS (26. III. bis 30. X. 2 VT 98 + 2 VB + 2 VS) **64 Mindestbr**

Lage der Betriebsstelle km	Höchstgeschw und Beschränkungen km/h	Betriebsstellen, ständige Langsamfahrstellen, verkürzter Vorsignalabstand	An der Trapeztafel hält Zug	Ankunft	Abfahrt	Kreuzung mit Zug	überholt / wird überholt durch Zug	Zuglauf meldg. durch
1	2	3	4	5	6	7	8	9
27,9		**Gräfenberg**			**1136**	2111 9641 B		
26,4	50	Weißenohe Hp		**1138**	**39**			
24,8		Igensdorf		**43**	**47**	2545		
23,5		Rüsselbach Hp		**49**	**50**			
21,3		Forth		**54**	**55**			
18,8 / 19,0	**40**	**Eschenau (Mittelfr)** . .		**1200**	**1201**			
	15*	**18,4** **17,5**						
17,3	**40**	Anschl Brand (Mfr) Hst		×	**07**			
	30	**16,0** **15,9**						
15,6	40	Anschl Steinbach Hst .		**10**	**11**			Zf nur Ank W
14,8		Kleinsendelbach Hp .		×	**15**			
12,2		Neunkirchen a Brand .		**21**	**22**			Zf nur Ank W
	15*	**11,0** **10,2**						
10,0	**40**	Dormitz Hst		**28**	**29**			Zf nur Ank W
	15*	**9,8**						
8,5	**40**	Weiher Hp		×	**36**			
		8,0						
6,6	15*	Uttenreuth	2113 W	**44**	**49**	2113 W		Zf W
5,5		Anschl Spardorf Hst .		**54**	**54**			
4,7		Buckenhof Hp		×	**58**			
	20	**4,3** **3,2**						
	15*	**2,4**						
2,3	**20**	Erlangen-Zollhaus Hp Ag		**1307**	**1308**			Zf
	40	**1,2**						
	30	**E** ⊢						
0,0		**Erlangen Pbf**		**1315**				

* siehe Vorbem. B 4

Pto 2126 W | Sa u. 6. I. | (30,1) 2. Kl. **Gräfenberg—Eschenau (Mittelfr)**

P 2126 W | Sa 6. I. | (30,1) 2. Kl. **Eschenau (Mittelfr)—Erlangen**

VT 98 Gräf—Eschenau
Zlok 98⁸, VT 98+VB+VS Esch—Erl Schlepp Last **100 t** esu—er **64** Mindestbr

Lage der Betriebsstelle km	Höchstgeschw und Beschränkungen km/h	Betriebsstellen, ständige Langsamfahrstellen, verkürzter Vorsignalabstand	An der Trapeztafel hält Zug	Ankunft	Abfahrt	Kreuzung mit Zug	überholt / wird überholt durch Zug	Zuglauf meldg. durch
1	2	3	4	5	6	7	8	9
27,9	—	**Gräfenberg**			**2039**	2119 W Sa		
26,4		Weißenohe Hp		×	**42**			
24,8	40	Igensdorf		**2045**	**46**			
23,5		Rüsselbach Hp . . .		×	**49**			
21,3		Forth		**52**	**53**			
18,8 / 19,0		**Eschenau (Mittelfr)** . .		**58**	**2103**			
	40	**18,4**						
	15*	**17,5**						
17,3	40	Anschl Brand (Mfr) Hst		×	**09**			
	30	**16,0**						
		15,9 ⌐						
15,6		Anschl Steinbach Hst .		**2112**	**13**			
14,8	40	Kleinsendelbach Hp .		×	**17**			
12,2		Neunkirchen a Brand .		**23**	**24**			
	15*	**11,0**						
		10,2						
10,0	40	Dormitz Hst		**31**	**31**			
	15*	**9,8**						
8,5	40	Weiher Hp		×	**38**			
		8,0						
6,6		Uttenreuth		**46**	**47**			
5,5	15*	Anschl Spardorf Hst .		×	**53**			
4,7		Buckenhof Hp		×	**57**			
	20	**4,3**						
	15*	**3,2**						
		2,4						
2,3	20	Erlangen-Zollhaus Hp Ag		**2206**	**2207**			Zf nur FE
	40	**1,2**						
	30	**E** ⊢						
0,0		**Erlangen Pbf**		**2214**				

* siehe Vorbem. B 4

Ng 9641 W (70,1) **Erlangen Pbf—Eschenau (Mittelfr)**

Zlok 98⁸ Last Er—N **200 t,** N—Es **175 t** **39** Mindestbr

Ng 9641 B (70,5) **Eschenau (Mittelfr)—Gräfenberg**

Zlok 98⁸ **Last 150 t** **47 Mindestbr**

Lage der Betriebsstelle km	Höchstgeschw und Beschränkungen km/h	Betriebsstellen, ständige Langsamfahrstellen, verkürzter Vorsignalabstand	An der Trapeztafel hält Zug	Ankunft	Abfahrt	Kreuzung mit Zug	überholt / wird überholt durch Zug	Zuglaufmeldg. durch
1	2	3	4	5	6	7	8	9
0,0	30	**Erlangen Pbf**			819	2106 W		
		1,2						
2,3	20	Erlangen-Zollhaus Hp Ag			25			
	15*	**2,4**						
		3,2						
	20	**4,3**						
4,7		Buckenhof Hp			34			
5,5	15*	Anschl Spardorf Hst .		838	43			
6,6		Uttenreuth	2559 W	48	902	2559 W		Zf
	30	**8,0**						
8,5	15*	Weiher Hp			09			
		9,8						
9,9	30	Dormitz Hst		916	23			
	15*	**10,2**						
		11,0						
12,2		Neunkirchen a Brand .		32	47			Zf
14,8		Kleinsendelbach Hp .			54			
15,6		Anschl Steinbach Hst .		57	1012			Zf
	30	**15,9** **16,0**						
17,3		Anschl Brand (Mfr) Hst		1015	16			Zf nurAnk
	15*	**17,5**						
	30	**18,4**						
19,0 / 18,8		**Eschenau (Mittelfr)** . .		1023	(1104)			
21,3		Forth		×	11			
23,5	40	Rüsselbach Hp . . .		×	17			
24,8		Igensdorf		×	21			
26,4		Weißenohe Hst . . .			27			
		E ⊢						
27,9	30	**Gräfenberg**		1134				
		*) siehe Vorbem B 4						

Zuglok rangiert unterwegs 47 Min

Anhang

zu den Fahrdienstvorschriften und zum Signalbuch (Az FV)

1	2	3	4	5a	5b	5c	5d	6	7
Betriebsstelle				Besondere Vorsicht beim Rangieren					Hauptsignale
Aufsichtsdienst durch Zugführer A Zf ist Aufsb RA Zf hat nur Rang-Aufs	Zustimmung des Fdl zur Abfahrt an Zf übermittelt	Wagenzettel abgeben für aus- und eingesetzte R Reisezug-Wg G Güter-Wg	Grenzzeichenfreimeldung durch L Lokführer Zub Zugbegleiter	Vorsichtig bewegen wegen Gefälle	Handbremsachsen im abgekuppelten Zugteil %	Abstoßen verboten nach Gleis	Bespannte Rangierabt. ohne | je [1] bediente Bremse ------ | für weitere ...... Achsen	Einschränkung der Zuglängen Reise- | Güter-Züge Achsen | Achsen / m	Hp 2 nicht 40 km/h E Einfsig Z Zwischensig A Ausfsig B Bksig Sig | km/h
§§ 7 (6), 78 (1)	§ 49 (2)	§ 47 (13)	§ 55 (3) SB AB 145	§§ 84 (9), 86 (2)	§ 46 (4) Anl 30 (13)	§ 84 (17)	§ 85 (1)	§ 92 (5)	SB AB 13

77 60 Erlangen—Eschenau (Mittelfr)—Gräfenberg

Bremstafel 400 m

Links vom Gleis stehen für die Fahrrichtung

Erlangen—Eschenau (Mfr)

L P 3 bei km 5,282	L f 4 bei km 5,605	L P 3 bei km 6,847
L P 3 bei km 5,345	LP 3 / Lf 4 bei km 6,450	L P 3 bei km 6,921
L P 5 bei km 5,457	L P 5 bei km 6,628	L P 3 bei km 6,950
L P 3 bei km 5,566	L P 3 bei km 6,718	

Eschenau (Mfr)—Erlangen

L P 3 bei km 12,798	L P 3 bei km 10,504	L P 3 bei km 8,608
L P 3 bei km 12,729	L P 3 bei km 10,362	L f 4 bei km 7,403
L P 3 bei km 12,645	L f 4 bei km 10,0	L P 3 bei km 7,169
L P 3 bei km 12,499	L P 3 bei km 9,509	L P 3 bei km 7,134
L P 5 bei km 12,359	LP 3 / Lf 4 bei km 8,873	L P 3 bei km 7,075
L f 4 bei km 11,0	L P 3 bei km 8,747	L P 3 bei km 5,179

1	2	3	4	5a	5b	5c	5d		6		7	
Betriebsstelle Aufsichtsdienst durch Zugführer	Zustimmung des Fdl zur Abfahrt an Zf übermittelt	Wagenzettel abgeben für	Grenzzeichenfreimeldung durch	Besondere Vorsicht beim Rangieren: Vorsichtig bewegen wegen Gefälle	Handbremsachsen im abgekuppelten Zugteil %	Abstoßen verboten nach Gleis	Bespannte Rangierabt. ohne | je 1 bed. Bremse ---	für weitere.... Achsen	Einschränkung der Zuglängen Reise-Züge: Achsen	Güter-Züge: Achsen / m	Hauptsignale Hp 2 nicht 40 km/h: Sig	km/h
									20	60		
Erlangen Pbf A		R G			4	alle Ladehofgl, Anschlußgl, Drehscheibengl	26	28		30	↑E:J	30 ⊣
Spardorf A				Bfende Ri Uttenreuth Str Ri Erlangen Beim Rangieren Bahnübergänge sichern	26	Ladegl, Anschlußgl	10	10	14			

1	2	3	4	5a	5b	5c	5d		6		7	
Uttenreuth A				Str Ri Spardorf u Dormitz	4	Ladegl, Anschluß-gl	10	10	16	21 bei Kreu-zung		
				Wenn unbesetzt, Bst-Sperre bedienen — Beim Rangieren Bahnübergänge sichern								
Dormitz A				Bfende u Str Ri Uttenreuth	6	Ladegl	16	24	19	21		
				Beim Rangieren Bahnübergang sichern								
Neunkirchen a Brand A				Str Ri Dormitz	4	Ladegl Anschluß-gl	10	6	16	20 bei Kreu-zung		
				Wenn unbesetzt, Bst-Sperre bedienen — Beim Rangieren Bahnübergänge sichern								
Steinbach (b Brand) A				Bfende u Str Ri Brand / Str Ri Neun-kirchen	22	Anschlußgl	10	6	14	20		
				Rangieren nach FV § 84 (22) bei Ng zugelassen — beim Rangieren Bahnübergang sichern								
Brand (Mittelfr) A				Bfende Ri Steinbach	24		10	12	8	20		
				Rangieren nach FV § 84 (22) bei Ng zugelassen — beim Rangieren Bahnübergang sichern								
Eschenau (Mittelfr)				Bfende u Str Ri Kalchreuth, Forth u Brand	10	allen Gl	Rangieren durch Zub nur mit Druckluft-bremse		12	24		
				Beim Rangieren Bahnübergänge sichern								
Anschluß Egle (km 20,787) R A	Bedienung durch Sperrfahrten von Bf Forth			Str Ri Eschenau (Mfr)	nicht zu-gelassen	Anschlgl	Rangieren nur m. Druck-luftbremse					
	⌘↑ ET 1 am Betriebsgebäude; durch Fdl ↓ RT am Einfsig A; durch Zf											
Forth A wenn unbesetzt				Str Ri Igensdorf	4	Ladegl gegen Kopframpe	Rangieren durch Zub nur mit Druckluft-bremse			41		
	Wenn unbesetzt, Bst-Sperre bedienen — Beleuchtung bei Zug 2555 ausschalten. — Beim Rangieren Bahnübergänge sichern ⌘↑ ET 1 am Betriebsgebäude bei haltenden Zügen; durch Aufsb											
Rüsselbach A												
Igensdorf A wenn unbesetzt				Str Ri Forth	4	Anschlgl Baywa	Rangieren durch Zub nur mit Druckluft-bremse			38		
	Wenn unbesetzt, Bst-Sperre bedienen — Beleuchtung bei Zug 2555 ausschalten. — Beim Rangieren Bahnübergänge sichern											
Weißenohe A				Str Ri Igensdorf	20	Anschlgl	dgl					
				Beim Rangieren Bahnübergang sichern								
Gräfenberg				Bfende u Str Ri Igensdorf	24	alle Gl	Rangieren durch Zub nur mit Druck-luftbremse			23	↓E	30 —|
				Beim Rangieren Bahnübergänge sichern								

Von der Seku sind leider nur wenige Farbfotos erhalten geblieben. Die besten uns zugänglichen möchten wir hier veröffentlichen: Der alte Dampfzug vor dem neuen Siemens-Hochhaus war der beliebteste Fotostandpunkt. Hier begegneten sich die alte und die neue Zeit.
Unten: Der Mittagsdampfzug bei der Einfahrt in den Haltepunkt Zollhaus.

Der damals nagelneue Diesel-Triebwagen VT135 (später VT75) überquert ca. 1936 die Schwabachbrücke zwischen Spardorf und Buckenhof. Im Hintergrund erkennt man die Ziegelei Schultheiß mit der Anfangsstation der Loren-Seilbahn.

An dieser unübersichtlichen Kurve bei Dormitz mußte der Lokführer seine Geschwindigkeit soweit drosseln, um notfalls den Zug sofort anhalten zu können.

Durch die sommerlichen Wiesen schnauft der Personenzug seinem nächsten Halt in Weiher entgegen.

In Weiher kreuzt der Dampfzug die Dorfstraße um gleich an der Haltestelle kurz zu verschnaufen.

Seit April 1988 fahren nach 20jähriger Pause wieder Dampf(sonder)züge von Nürnberg nach Gräfenberg
oben: Die Bundesbahn-Museumslokomotive 86457 auf der Brücke in Forth.
unten: Dieselbe Lok in der Endstation Gräfenberg.
Das letzte noch existierende Streckenstück von Eschenau nach Gräfenberg ist mittlerweilen stark stillegungsgefährdet. Wäre hier jeden Tag solch ein Andrang, hätte diese Bahn eine goldene Zukunft vor sich.

Im Jahre 1966 verfaßte die damalige Abiturientin Renate Stockmeier die Facharbeit

Wie kam es zur Stillegung der Sekundärbahn Erlangen - Gräfenberg

Mit diesem Schriftwerk wird zwar viel wiederholt, was hier schon an anderer Stelle beschrieben wurde, doch soll der Vollständigkeit halber der ganze Text wiedergegeben werden.

Geschichte der „Seekuh"

Im „Erlanger Tagblatt" vom 18. Februar 1963 kann man nachlesen, wie die letzte Fahrt der „Seekuh" zu einem regelrechten Triumphzug wurde. An den Straßen, an den Fenstern und an den Bahnübergängen bildeten die Menschen Spalier, um ihr „Bähnle" zu verabschieden. Der ganze „Schwabachgrund" war in Bewegung.

Ähnlich mag es vor 77 Jahren zugegangen sein, als am 8. November 1886 der erste Probezug von Erlangen nach Gräfenberg fuhr und als am 17. November die offizielle Eröffnungsfahrt stattfand. An ihr nahm selbstverständlich auch der damalige Erlanger Bürgermeister Dr. Schuh teil. Unter den Anwohnern herrschte eine ausgelassene Volksfeststimmung, als die altmodische Postkutsche durch eine „moderne" Bahn ersetzt wurde. Alle waren auf den Beinen - alt und jung, groß und klein - und feierten begeistert diese große „Sensation".

Doch vorher hatte es auch erhebliche Schwierigkeiten gegeben, da die Stadt Nürnberg ihrerseits eine Bahn nach Gräfenberg bauen wollte. Daß es nicht soweit gekommen ist, verdanken die Erlanger und die Bewohner des Schwabachgrundes Bürgermeister Dr. Schuh.

Schon am 25. Januar 1883 gab er eine „Denkschrift über Sekundärbahnen" heraus. Unter einer Sekundärbahn verstand er eine Bahn, deren Fahrgeschwindigkeit so gemäßigt ist, daß sie an jeder Stelle so rasch wie ein Pferdefuhrwerk angehalten werden kann und für die keinerlei Bahnbewachung nötig ist. Er sah in der Sekundärbahn die Bahn der Zukunft, da er sie für wirtschaftlich rentabler als Hauptbahnen hielt und er überdies den Bedarf an solchen Bahnen als „größtenteils gedeckt" ansah. Er fand aber auch noch andere Vorteile für den Bau einer derartigen Bahn: Sie ermöglicht die Ansiedelung neuer Industrien, da solche die bestehenden Transportkosten um 25 % unterbieten kann. Bereits vorhandene Betriebe können so ihre Produktion erst wirklich rentabel machen. Schließlich weist er noch auf die gute Zubringermöglichkeit zur Hauptbahn hin. Da eine Sekundärbahn nur ein lokales Bedürfnis befriedigen soll, hält er eine billigere Bauweise für gerechtfertigt. In dieser Denkschrift geht es aber natürlich nicht nur um Sekundärbahnen im Allgemeinen, sondern um die gewünschte Sekundärbahn von Erlangen nach Gräfenberg im Besonderen. Auch hierzu konnte Dr. Schuh eine Vielzahl von Argumenten geltend machen. Da der Landstrich sehr fruchtbar sei, biete sich eine weitere Erschließung geradezu an. Der sich so entwickelnde lebhafte Verkehr würde zu neuem Wohlstand führen und brächte eine engere Verknüpfung der Stadt Erlangen mit ihrem Hinterland. Nicht zu unterschätzen sei auch die Möglichkeit, neue Wandergegenden zu erschließen, da gerade dieses Gebiet landschaftlich sehr reizvoll sei.

Das Ziel der Linienführung war es, möglichst viele Orte zu erreichen. Um die gewünschte billige Bauweise zu erreichen, schlägt Dr. Schuh vor, die Bahn als „Straßenbahn“ zu bauen. Durch die Benutzung der vorhandenen Straßen könnten nämlich die Baukosten enorm niedrig gehalten werden. Man solle auch keine Barrieren an Straßenkreuzungen und keine Abgrenzungen errichten. Nur im äußersten Notfall solle die Bahn von der Straße abweichen (z.B. wenn die Straße zu steil ansteigt). Der Kartenverkauf und die Gepäckabfertigung hätten im Zug stattzufinden. Der Bau von Stationsgebäuden sei ebenfalls unnötig, da man bereits vorhandene Häuser (z.B. Gasthäuser) verwenden könne. Es bestünde auch die Möglichkeit, die Waren „frei Haus“ zu liefern, was die Transportkosten erneut senke.

Im Gegensatz zu einem Betrieb mit Pferden schlug Dr. Schuh einen Dampfbetrieb vor, da dieser schneller und billiger sei. Es sollten die Ortschaften Buckenhof, Uttenreuth, Weiher, Dormitz, Neunkirchen, Kleinsendelbach, Brand, Eschenau und Forth erreicht werden. Die Hauptschwierigkeit war die finanzielle Seite des Projektes. So wurde der Wunsch nach einer derartigen Bahn erst dann erfüllbar, als 1884 ein Gesetz erlassen wurde, das den Bau von Bahnen mit „lokaler Bedeutung“ fördern sollte. Jedoch sollten die Zuschüsse nur gewährt werden, wenn Grund und Boden vorhanden seien. So erhielt man aus Staatsmitteln einen Zuschuß von 1216100 M. Die Gesamtkosten betrugen nach Beendigung der Bauarbeiten 1284099,87 M, nachdem man den Rat von Dr. Schuh befolgt hatte und soweit als möglich eine „Straßenbahn“ baute. (10% der Strecke verliefen in der Straße, 30% dicht am Straßenrand). An Fahrmaterial standen 3 Lokomotiven und 11 Reisezugwagen zur Verfügung. Am Tage sollten je 2 Züge verkehren, die 2 Stunden und 20 Minuten für eine einfache Fahrt benötigten. Insgesamt waren für die Strecke 22 Leute eingestellt worden. Die Gesamtlänge der Bahnlinie betrug 29 km.

Im Jahre 1891 betrugen die

Einnahmen	82690,41 M
Ausgaben	59448,28 M
Überschuß	23242,13 M

Bereits im Jahre 1908 erhielt die Seekuh „Konkurrenz“. Der Bau der Linie Nürnberg–Eschenau war vollendet; so verkehrte sie von jetzt an nur noch bis Eschenau. Allerdings kam es durch den Einsatz von Triebwagen um 1930 wieder zu einem durchgehenden Verkehr bis Gräfenberg. Damit konnte man zwar die „Verkehrsdichte“ und auch die sehr geringe Geschwindigkeit steigern, aber die Kritikerstimmen waren bereits nicht mehr zu überhören. Eine Anekdote von „boshaften Milchweibern“, wie es in einer Rundfunksendung anläßlich der Stillegung 1963 hieß, lautet folgendermaßen: „Wenns's (gemeint ist die Seekuh) nämlich die Sendelbacher Höh' naufgschnauft is, dann hams im Zug gelästert: ‚Dunnawetta, soviel Zentner, schiebt a bissla, koa bald nimmer, helft, helft, helft...‘. Aber dann, wenn's auf der anderen Seite nunterganga is, dann hams sie's nachgmacht: ‚Geht scho wieda, geht scho wieda, geht scho wieda...‘.

Der Stein kommt ins Rollen

In der Bundesbahn-Direktion (BD) Nürnberg, zu der die Seekuh gehört, befaßte man sich 1955 das erste Mal mit einer Auflassung der Bahn, als man die Unfallberichte der Jahre 1950–1955 in Händen hatte. Für meist kleinere Unfälle wurden insgesamt 18000 DM bei 28 Unfällen gezahlt und man würde noch weitere 15000 DM benötigen, um die noch laufenden Fälle erledigen zu können. Bis dahin kam es meist nur zu kleineren Unfällen – Stürze, wegen schräger Linienführung; Zusammenstöße, da es keine Abgrenzung gibt – und die Zahl war auch nur insofern von Bedeutung, da sie nur einen geringen Prozentsatz der tatsächlichen Unfälle angab. Da die Schadenersatzforderungen der Bevölkerung ständig steigen und auch eventuell der Staatsanwalt gegen die Bahn einschreiten konnte, faßte man eine teilweise Stillegung der Nebenlinie ins Auge. Der Reiseverkehr sollte von 4 Omnibussen übernommen werden. Für den Güterverkehr (etwa 10 Wagen pro Tag), der vor allem bis Neunkirchen von Bedeutung war, würde 1 Zugpaar am Tag ausreichen, damit könnte man die Gefahr für Unfälle stark reduzieren, da der Güterzug nicht in der Hauptverkehrszeit fahren würde. Man könnte zwar bei einer derartigen Umstellung die Geschwindigkeit, die bis dahin dem Straßenverkehr erheblich unterlegen war, steigern; es würden sich jedoch die Preise um etwa 50% erhöhen. Ein Beispiel: für eine Schülermonatskarte von Erlangen nach Neunkirchen müßte man 16,50 DM statt 10,20 DM bezahlen. Obwohl die Bahn noch einigermaßen rentabel war – Einnahmen 300000 DM, Ausgaben 500000 DM, Verlust von 200000 DM – , waren die Kosten für einen notwendigen Umbau von etwa 300–350000 DM doch zu hoch. So beschloß man in einer Sitzung, sich mit den betroffenen Firmen in Verbindung zu setzen, um sie zu veranlassen, ihre Güter in Erlangen selbst abzuholen. Bis zu einem Ergebnis der Verhandlungen, befaßte man sich mit genaueren Plänen für eine Verkraftung (= Einsatz von Omnibussen). Man war sich darüber im Klaren, daß es wegen fehlender Sitzplätze von seiten der Bevölkerung zu Protesten kommen würde. Man müßte außerdem einen Ersatzomnibus bereithalten und einen Nachrichtendienst für Unfälle und auftretende Schwierigkeiten einrichten. An den einzelnen Endpunkten müßte man eine Möglichkeit zum Wenden vorsehen. Auch ausreichende Ausweichpunkte müßten geschaffen werden. Da es wegen des starken Berufsverkehres zu einem Massenverkehr in der Hauptverkehrszeit kommen würde, würde man somit die Verkehrssicherheit der anderen Verkehrsteilnehmer gefährden. Allerdings könnte man dadurch zu einer Aufgliederung des Massenverkehrs kommen, daß man die Berufstätigen und die Schüler zu verschiedenen Zeiten nach Erlangen befördert. Dies würde also für die Reisenden eine weitere Erleichterung bringen, und gerade dies sollte die Aufgabe der DB sein.

Der befürchtete Eingriff der Staatsanwaltschaft, bei einem weiteren Ansteigen der Unfälle, erfolgt im September 1955. Aus den Gerichtsunterlagen konnte man folgendes entnehmen: „Am 22. 9. 1955 kam es bei km 7 (zwischen Weiher und Dormitz) zu einem Verkehrsunfall. Ein Bulldog mit Anhänger wurde beschädigt und der Fahrer leicht verletzt. Der Bulldogfahrer mußte einem entgegenkommenden Pkw ausweichen und geriet so in das Lichtraumprofil des Bahnkörpers. Der Lokführer bemerkte das Ausbiegen zu spät und es kam zu einem Zusammenstoß. Die Bahn verläuft hier unmittelbar neben der Landstraße. Es besteht keine Abgrenzung zwischen Bahn und Straße.“ Das Amtsgericht Erlangen hat das Lokpersonal in 1. Instanz zu einer Geldstrafe von 80 DM verurteilt. Bei der Berufung vor dem zuständigen Landgericht Nürnberg-Fürth kam es zum Freispruch. Die erneute Berufung des Staatsanwaltes beim Bayerischen Obersten Landesgericht führte zu folgendem Urteil: „Die Sache wird zur anderweitigen Verhandlung und Entscheidung an das Landgericht Bamberg zurückverwiesen. Es wird zur weiteren Verhandlung empfohlen, die Vorschriften der Straßenverkehrsordnung (StVO) zu beachten. Die Lokführer hätten sich so zu verhalten, daß kein anderer gefährdet, geschädigt oder mehr als nach den Umständen unvermeidbar behindert oder belästigt werde.“ Daraus ergaben

sich folgende schwerwiegende Konsequenzen:
a) Der Vorrang der Eisenbahn gegenüber anderen Verkehrsteilnehmern besteht nicht mehr. Auch der § 3a (6) der StVO, nach dem in jedem Fall beim Benutzen von Bahnübergängen besondere Aufmerksamkeit vom Straßenverkehrsteilnehmer gefordert wird, entfällt. Der Lokführer muß sich wie ein Straßenverkehrsteilnehmer verhalten.
b) Dort, wo der Bahnkörper neben der Straße ohne Abgrenzung verläuft (etwa 7 km der Strecke), ist ein freier Verkehrsweg nicht mehr gewährleistet. Als vorbeugende Maßnahmen beschloß die BD folgendes:
1. Auf den zutreffenden Streckenabschnitten werden ab sofort nur 15 km/h zugelassen, mit der Auflage, daß die Geschwindigkeit entsprechend der Verkehrslage auf der Straße so einzurichten ist (auch ohne Rücksicht auf den Fahrplan), daß der Zug nötigenfalls rechtzeitig angehalten werden kann (§ 9 der StVO).
2. Das Lokpersonal, das diese Strecke befährt, ist in den einschlägigen Bestimmungen der StVO zu unterrichten.
3. Der zur Zeit gültige Fahrplan muß geändert werden.
4. Die Fahrzeit wird von rund 50 auf 60 Minuten erhöht, da sonst keine geordnete Betriebsführung möglich ist, damit könnte es aber zu Schwierigkeiten für das Anschlußnetz kommen.
5. Da die Einheitlichkeit der Betriebsführung durch das Gerichtsurteil durchbrochen ist (auf etwa 12 km gilt das „Allgemeine Eisenbahngesetz“, auf etwa 7 km die StVO), soll man Verhandlungen mit den Firmen und Behörden wegen einer Auflassung aufnehmen.

Man war sich über die Auswirkungen völlig im klaren, und auch darüber, daß der Zustand nicht lange andauern konnte. Die Geschwindigkeit der Seekuh betrug jetzt durchschnittlich ca. 26 km/h. Sie änderte sich ständig, wie man aus der nachstehenden Aufstellung ersehen kann.

Von km	betrug sie
0,00– 1,26	40 km/h
1,26– 2,40	20 km/h
2,40– 3,23	15 km/h
3,23– 4,35	20 km/h
4,35– 8,00	15 km/h
8,00– 8,50	40 km/h
8,50– 9,85	15 km/h
9,85–10,25	40 km/h
10,25–11,00	15 km/h
11,00–17,50	40 km/h
17,50–18,40	15 km/h
18,40–18,90	40 km/h

Daß es dadurch vor allem von seiten der Pendler im Berufsverkehr zu scharfen Protesten kommen würde, wußte man. In der „Neuen Rhein-Zeitung“ konnte man lesen: „Bimmelbähnchen macht Schnekken Konkurrenz“, und im „Erlanger Tagblatt“: „Seekuh wurden die Flügel gestutzt“. Es wurden in den Zügen neue Zugschilder angebracht mit der Aufschrift: „Ein- und Aussteigen während der Fahrt und außerhalb der im Fahrplan vorgesehenen Haltepunke ist verboten!“ Eine recht kuriose Leserzuschrift fand sich im „Erlanger Tagblatt“ vom 11. 9. 1957: „Eine Frau, aus dem Erlanger Hinterland kommend, der das Tempo des Bähnle – dank der neuen Gerichtsverfügung – zu ‚rasant‘ war, stieg am Bahnhof Zollhaus aus, um, wie sie meinte, schneller voranzukommen. Nachdem der ‚Schlotexpress‘ abgedampft war, bemerkte sie zu ihrem Schrecken, daß sie ihren Schirm im Wagen hatte stehenlassen. Doch sie war nicht bange, legte im Gehen einen ‚Zahn‘ zu und erreichte den Hauptbahnhof tatsächlich rechtzeitig genug, um mit einer Bahnsteigkarte bewaffnet, den gerade einfahrenden Zug begrüßen und ihr Regendach persönlich aus dem Abteil holen zu können.“

Die Pläne nehmen Gestalt an

Man begann mit Gesprächen im Landratsamt (LRA) Erlangen, nachdem bei der BD die Pläne, andere Unternehmen für eine Übernahme des Kraftfahrzeugverkehrs zu gewinnen - im November 1956 -, fehlgeschlagen waren. Die Bundespostdirektion Nürnberg war ebensowenig wie private Unternehmen dazu bereit, da das Risiko bei den hohen Anfangsinvestitionen zu groß war. Man wollte jetzt eine Teilverkraftung anstreben, d.h. die Züge außerhalb des Berufsverkehrs sollten durch Omnibusse der DB ersetzt werden. Damit könnte man eine Fahrplanverdichtung und eine Erhöhung der Geschwindigkeit erreichen. (Ähnlich machte man es auf der Nebenlinie Erlangen–Herzogenaurach: die Züge fuhren nur noch werktags zu den Hauptverkehrszeiten, die Bahnbusse übernahmen den restlichen Verkehr). Bei einer Steigerung der Fahrplandichte würde es außerdem zu einer Steigerung der Einnahmen kommen, obwohl man die Ausgaben senken könnte. Man würde dadurch etwa 30000 DM einsparen.

Am 21. 3. 1958 kam es dann zu einer ersten Besprechung im LRA Erlangen. Vorher hatte jedoch das LRA seinerseits in einer Sitzung des Kreistages beschlossen, daß die Linienführung nicht geändert werden solle, damit die Seekuh weiterhin alle Ortschaften berühre. Es wurden auch Klagen aus Dormitz angehört, da sich dort nach starken Regenfällen derartige Pfützen zwischen den Lokalbahngleisen bildeten, daß die durchfahrenden Züge die Hausfassaden und natürlich auch die Passanten erheblich bespritzten. In Dormitz war es mit der Linienführung besonders problematisch: die Hausfrauen mußten 34 mal täglich die Fenster schließen, da die Seekuh zu viel Schmutz und Dreck verursachte. In einer Besprechung mit den zuständigen Bürgermeistern kam man zu dem Ergebnis, daß die Auflassung der Bahn die einzig mögliche Lösung sei, da „elektrisch betriebene Züge, ähnlich wie bei einer Straßenbahn“ (Vorschlag vom 2. Bürgermeister Weibrecht aus Brand) an der Kostenfrage scheitern müßten. Der Güterverkehr sollte von Bahntransportern übernommen werden.

An der Unterredung im LRA vom 21. 3. nahmen das Straßenbauamt Nürnberg, das Straßenbauamt Bamberg, der Bürgermeister von Uttenreuth, die Stadt Erlangen und die DB teil. Das Straßenbauamt Nürnberg schlug eine Trennung von Schiene und Straße auf freier Strecke vor. Eine Markierung des Bahnkörpers sei wegen der Gefährdung des Straßenverkehrs nicht möglich, da die Straße zu eng werden würde. Der Bürgermeister von Uttenreuth gab zu erkennen, daß der derzeitige Zustand nicht mehr tragbar sei. Die Dampflokomotiven seien wegen der starken Rauchentwicklung unerwünscht. Man könne jedoch auf den Zubringerdienst nicht verzichten und müsse sich deshalb um eine Ersatzlösung bemühen. Auch die Stadt Erlangen sprach sich zumindest für eine Trennung von Straße und Schiene aus, soweit dies möglich ist. Man brachte den Vorschlag, die Bahn völlig zu verlegen. Sie sollte am Südrand des Stadtgebietes nordöstlich von Bukkenhof vorbeiführen. Der verkehrsgünstig gelegene Haltepunkt Zollhaus würde dabei entfallen. Uttenreuth sollte sie am Südrand des Neubaugebietes erreichen (Haltepunkt Spardorf würde entfallen), Weiher südlich umfahren, Dormitz westlich und Brand nördlich. Es würde zu einer „Mehrlänge“ von 1,1 km kommen. Die Geschwindigkeit könnte auf 60 km/h erhöht werden. Die Kosten dürften ca. 25 Millionen DM betragen. Die Grundstückskäufe würden weiter keine Schwierigkeiten bereiten, da der Grund größtenteils Staatseigentum sei. Wie die Vertreter der DB sagten, sei jedoch ein derartiger Kostenaufwand nicht möglich, da es zu keiner Auslastung komme und sich die Personalkosten erhöhen würden; außerdem sei seit dem Gerichtsurteil die Personenzahl um 200 bis 250 Personen pro Tag zurückgegangen. Eine Entlastung des Personenverkehrs könnte man vielleicht dadurch erreichen, daß die Verkehrs-Aktien-Gesellschaft Nürnberg die Linie 85 von Buckenhofer Siedlung bis Uttenreuth erweitert. Für den Güterverkehr müßte man noch eine für alle Beteiligten befriedigende Lösung finden.

Nach dieser Sitzung wurde von der DB eine Wirtschaftlichkeitsberechnung durchgeführt. Das Verkehrsaufkommen betrug im Jahr 900000 Personen, davon etwa 2800 pro Werktag und 1200 pro Sonntag. Die meisten Reisenden fuhren früh nach Erlangen (bis Bahnhof Zollhaus etwa 40%) und abends wieder zurück. Die Schwerpunkte lagen mit 20% in Uttenreuth und mit 25% in Neunkirchen. Es handelte sich zum größten Teil um Berufsverkehr, der außerdem noch von der Jahreszeit abhängig war (im Winter waren es 950, im Sommer 700 Personen im Hauptverkehr).
Der Betriebsumfang auf der Strecke Erlangen–Eschenau und zurück betrug werktags

8 Dampfreisezüge
13 Triebwagen
3 Güterzüge

und sonntags

4 Dampfreisezüge
13 Triebwagen.

Der Güterverkehr brachte jährlich 400000 DM ein. Die Schwerpunkte lagen in Neunkirchen, Uttenreuth und Zollhaus, wie man aus dem nachfolgenden Plan, der eine Zusammenstellung der verkehrsstatistischen Angaben der Nebenbahn Erlangen–Eschenau von 1957 ist, ersehen kann.

Man kam zu dem Ergebnis, daß eine Verkraftung des Reiseverkehrs und eine Stillegung des Güterverkehrs von Neunkirchen bis Eschenau die beste Lösung darstelle. Man beantragte deshalb bei der Regierung von Mittelfranken die Errichtung einer Buslinie Erlangen–Gräfenberg und wollte zum Fahrplanwechsel im Mai 1959 die neue Buslinie einführen. Gleichzeitig bemühte man sich um die Zustimmung der Hauptverwaltung in Frankfurt/Main zur geplanten Streckenstillegung.

Das Straßenbauamt Bamberg hatte bereits vom April 1956 bis Oktober 1957 eine Verkehrszählung durchgeführt, um zu überprüfen, ob die Straße durch eine Umgehungsstraße ersetzt werden solle. Die Verkehrszählung in der Nähe von Kleinsendelbach ergab:

	1956			1957		
Fahrzeuggattung	April	Mai*	Oktober	Juni*	Oktober	Oktober**
Fahrräder	202	430	190	390	115	422
Mopeds	140	410	120	285	120	286
Krafträder	190	640	160	533	200	375
Pkw	400	1000	418	980	447	534
Omnibusse	–	–	2	–	3	7
Lieferwagen	12	2	40	1	16	38
Lastkraftwagen	298	8	280	34	334	226

* Ausflugsverkehr, keine Durchschnittswerte

** Vergleichende Zählung des Straßenbauamtes Nürnberg, die östlich von Uttenreuth durchgeführt wurde.

Diese Unterlagen galten jetzt gleichzeitig als Anhaltspunkte dafür, daß die Straße der erhöhten Belastung der Bahnbusse nicht gewachsen sei. Man müßte also eine Erweiterung der Straße vornehmen, da die Strecke außerdem viele Gefahren durch Engpässe und unübersichtliche Kurven aufweise. Die Breite beträgt z. B. auf den Strecken

Buckenhof–Spardorf	5,5 m
Spardorf–Uttenreuth	4,7 m
vor Uttenreuth	5,0 m
in Uttenreuth	5,4 m
2 Engstellen in Uttenreuth	3,9 m
Uttenreuth–Weiher	4,9 - 5,4 m
Weiher, 2 unübersichtliche Engstellen	4 m und 5 m

Im Winter würde es bei der Einhaltung des Fahrplanes zu Schwierigkeiten kommen, da die Strecke erst nach den Bundesstraßen geräumt wird, und so in der Hauptverkehrszeit Glatteisgefahr besteht.

Um weiteres Beweismaterial gegen eine Auflassung oder Verkraftung der Nebenlinie zu erhalten, erkundigte man sich in den Erlanger Betrieben nach der Zahl der Pendler. Das „Industrie- und Handelsgremium" Erlangen, das auf Wunsch des Landratsamtes diese Untersuchung am 14. 4. 1958 leitete, kam zu folgendem Ergebnis:

Firma	Mitarbeiterzahl	Betriebszeit
P. Gossen & Co	103	7.00–17.30
Frieseke & Hoepfner	21	7.00–16.45
Schultheiß, Spardorf	30 im Winter 15 im Sommer	6.00–17.00
Fa. Bär, Uttenreuth	100	

Vor allem die Firma Bär machte dabei darauf aufmerksam, daß sie besonders wegen des Güterverkehrs gegen die Einstellung der Bahnlinie sei, da sie dann mit den ausländischen Betrieben nicht mehr konkurrieren könne. In einem Schreiben von 1960 an den Landtagsabgeordneten P. Zink sprach die Firma sogar von einer möglichen Stillegung ihres Betriebes, wenn der Transport in der Saisonzeit entfalle. (Die Firma benötigt hauptsächlich Kartoffeln zur Herstellung von Kartoffelflocken). Nach der Berechnung der Fa. Bär müßte sie mit jährlichen Mehrkosten von 17540 DM rechnen, die Firma Schultheiß gab 18000 DM Mehrkosten an, doch könnten Lastwagen einen Teil der Güter übernehmen. Der Deutsche Gewerkschaftsbund Ortsverband Erlangen sprach sich gegen eine Stillegung aus. Man sollte dagegen besseres Wagenmaterial verwenden, die gefährdeten Punkte teilweise umgehen, die Straße – wenn möglich – verbreitern und den Bahnkörper durch Hecken abschirmen. Auch die Erlanger Einzelhandelsgeschäfte waren dagegen, da sie einen Rückgang der Käufer befürchteten, weil in den Bahnbussen die Beförderung von Handgepäck schwieriger sei. Aus all diesen Gründen richtete man im März 1960, nachdem eine Tagesfahrt im Mai 1959 von allen Beteiligten kein Ergebnis gebracht hatte, von seiten des Landratsamtes eine Beschwerde an die DB wegen der beabsichtigten Auflassung der Nebenlinie. Man machte außerdem folgende Vorschläge:

1. An der Kreuzung in Buckenhof soll die Straßenbrücke erweitert und eine Blinklichtanlage eingerichtet werden.
2. Innerhalb von Uttenreuth soll man die Bahnlinie pflastern und Rillenschienen verlegen.
3. Zwischen Uttenreuth und Weiher müßte man entweder die Straße erweitern oder die Bahn verlegen.

4. In Weiher soll der Bauernhof, der eine Verkehrsbehinderung darstellt, durch einen Aussiedlerhof ersetzt werden.
5. Die Trennung von Bahn und Schiene soll soweit als möglich durchgeführt werden.
6. Bei den erforderlichen Bauarbeiten solle es zu einer Verbesserung der Schienenübergänge kommen. Bisher kamen auf einen km im Durchschnitt 6,9 Bahnübergänge; auf der gesamten Strecke waren es 128.

Die erforderlichen Mittel für eine Verlegung der Bahn außerhalb der Ortschaften betragen 25 Millionen DM, für eine Verlegung der Staatsstraße 2240 10 Millionen DM. Eine genaue Aufstellung der Kosten lieferte Oberbaurat Uttenreuther. Bei einer Trennung von Bahn und Straße würden etwa 1730000 DM an Kosten entstehen. Davon entfallen für

Grundstückskäufe bei einer Erweiterung um 2,5–3 m	657000 DM
Kleinpflasterung und Verlegung von Rillenschienen innerhalb der Ortschaften	448000 DM
Blinklichtanlagen, 4 mal 35000 DM zusammen	175000 DM
Ankäufe von Häusern zur Beseitigung von Engstellen	450000 DM
	1730000 DM

An den Kosten müßte sich der Staat und die Bahn gemeinsam beteiligen, auf jeden würden etwa 640000 DM entfallen.

Die BD weigerte sich einen Teil der Kosten zu tragen. Im Jahre 1960 mußten jedoch die Verhandlungen zügiger aufgenommen werden, da der Zustand des Oberbaues immer bedenklicher wurde. Für die Erneuerung hätte man mit 150800 DM rechnen müssen. Obwohl der DB ein Verlust von allein 55000 DM in Spardorf und 110000 DM in Uttenreuth durch das Wegfallen des Güterverkehrs entstehen würde, strebte man die Stillegung jetzt noch entschiedener an. Der Güterverkehr würde außerdem auf den Kanal abwandern, wenn dieser bis Nürnberg fertiggestellt sei. Nur mit einer gleichzeitigen Auflassung des Güterverkehrs aber könnte man auch die Verkehrslage erheblich verbessern, da man die Schienen abbauen könne, und so eine Erweiterung der Straße (besonders auch im Ortsgebiet Erlangen) möglich sei.

Das LRA wehrte sich entschieden gegen eine völlige Auflassung des Güterverkehrs ohne entsprechenden Ersatz. Man würde dadurch die Bemühungen, im Landkreis neue Industrie anzusiedeln, behindern.

Inzwischen wurden die Reaktionen aus der Bevölkerung immer heftiger. In einer Beschwerde an den Kreistag konnte man lesen, daß die Geschwindigkeitsbegrenzungen nicht eingehalten würden. Dafür stehe der Zug 3–9 Minuten an den Bahnhöfen. Neben der langen Fahrzeit (75 Min.) seien die Anschlußmöglichkeiten denkbar ungünstig.

Als Beispiel der Stand vom Oktober 1960:

Ankunft aus Richtung Eschenau:	5.27	8.17	9.18	15.08	17.29	
Abfahrt in Richtung Nürnberg:	5.25	8.16	9.10	15.02	17.26	
Differenz:	2	1	8	6	3	Minuten
Ankunft aus Richtung Nürnberg:	9.46	17.37	18.07	19.00	20.30	
Abfahrt in Richtung Eschenau:	9.33	17.34	18.03	18.53	20.05	
Differenz:	13	3	4	7	25	Minuten

Dipl.-Ing. Dr. Dillmann bedauerte in einem Schreiben an das LRA ebenfalls den schlechten Fahrplan. Er wies auf eine Vernachlässigung der Strecke hin, die schon seit langem „baufällig“ sei. (In einem Jahresbericht von 1957 über die Bundesbahndirektion Nürnberg wird angegeben, daß die Nebenbahnen meist nur „verjüngt“ werden, wenn Schienenmaterial von den Hauptbahnen „ausgemustert“ wird. Es rücken dann die nächstschlechten „Hauptbahneinheiten“ nach.) Er schlug dem LRA auch eine Beteiligung an den Kosten für die Ausbesserung der Gleisanlagen vor.

Durch einen Erdrutsch am 12. 4. 1961 zwischen Eschenau und Brand wurde die Situation auf diesem Streckenabschnitt noch kritischer. Ohne sofortige bauliche Maßnahmen konnte man die Sicherheit nicht mehr gewährleisten. So beantragte die DB 1961 die Gesamtstillegung der Strecke Neunkirchen–Eschenau bei der Hauptverwaltung in Frankfurt. Der Antrag wurde folgendermaßen begründet:

1. Die Lage der Bahnlinie in der Straße sei bei den heutigen Verkehrsverhältnissen nicht mehr tragbar.
2. Durch die geringe Geschwindigkeit würden immer mehr Fahrgäste auf einen Pkw umsteigen.
3. Die Modernisierung würde 25 Millionen DM beanspruchen.
4. Es seien dringende Baumaßnahmen an den Bahnanlagen erforderlich.
5. Durch einen Abbau der Gleisanlagen würde es zur Verbesserung der Verkehrssituation auf der Straße kommen.

Am 28. Mai 1961 lösten bahneigene Omnibusse die „Seekuh“ auf der Strecke Neunkirchen–Eschenau ab. Die Schaffneraufgaben übernahm der Busfahrer. Da die Genehmigung des Verkehrsministers in Bonn noch fehlte, kam es vorläufig nur zu einer Verkraftung des Reiseverkehrs. Erst am 19. Juni wurde auch der Güterverkehr auf dieser Strecke eingestellt. Man konnte allerdings keinen Ersatz dafür beschaffen. Die Gleisanlagen sollten vorläufig noch nicht abgebaut werden.

Dieses war der erste Streich, doch der 2. folgt zugleich.

Im März 1962 schmiedete man bei der DB Pläne über die weitere Zukunft der Seekuh. Wegen eines Güterzuges am Tag konnte man die Bahnlinie nicht aufrechterhalten; man müßte sich außerdem mit ca. 500000 DM an den Straßenbaukosten beteiligen. Da auch die Zahl der Wagenladungen zurück ging, (Fa. Bär hatte 1959 im Durchschnitt 413 Wagen, 1961 nur noch 308) entschloß man sich, mit Rücksicht auf die wirtschaftliche Entwicklung des Gebietes, zu einer Kompromißlösung. Man wollte eine teilweise Stillegung der Reststrecke durchführen:

Einstellung des Reiseverkehrs	zum 1. 1. 1963
Einstellung des Güterverkehrs	
Uttenreuth–Neunkirchen	zum 1. 1. 1963
Erlangen–Uttenreuth	zum 1. 1. 1964

Man wollte den Betrieb mit

2 Gelenk-Omnibussen	mit 76 Sitzplätzen
1 Unternehmerbus	mit 51 Sitzplätzen
2 Solobussen	mit 51 Sitzplätzen
2 Reservebussen	

aufnehmen.

Im Mai 1962 beantragte man dann die Stellungnahme der Hauptverwaltung. Es wurde der Umstellung des Reisezugverkehrs zugestimmt, doch sollte man die Einstellung des Güterverkehrs nochmals überprüfen. (Eine ähnliche Meinung vertrat das Bayerische Staatsministerium für Wirtschaft und Verkehr im September 1962).

Am 7. 6. 1962 stellte der Landkreis eine Resolution an die DB. Er forderte:

1. Eine rechtliche Sicherung für den Personenverkehr.
2. Die Aufrechterhaltung des Fahrplanes (besonders bezüglich des Nachtzuges) und die
3. Beibehaltung des alten Tarifes.

	vor der Stillegung werktags	sonntags	nach der Stillegung werktags	sonntags
Personenzüge	18	14	–	–
Güterzüge	2	–	2	–
Bahnbusse	–	–	29	14

4. Gute Anschlußmöglichkeiten an die Hauptbahn.
5. Beförderung des Güterverkehrs durch die Bahn bei gleichen Preisen.

Bei Nichtberücksichtigung dieser Punkte würde man ein neues „Notstandsgebiet" schaffen. Die „Entballung" des Großraumes würde verhindert werden, und eine Abwanderung der Arbeitskräfte eintreten.

Trotz dieser Einwände kam es im Januar 1963 zur Zustimmung des Verkehrsministers für eine Stillegung des Reisezugverkehrs. Am Sonntag, dem 18. Februar 1963 fuhren die ersten Omnibusse. Schon am 17. Februar war die Seekuh mit allen Ehren verabschiedet worden. Doch auch hier gab es noch ein kleines Mißgeschick. Der für den Sonntag geplante „letzte Triebwagen" mußte wegen eines Gleisbruches ausfallen.

Die „roten" Busse brachten dann auch noch eine Erleichterung für die Pendler: die Fahrplandichte wurde gesteigert.

Der Bahnhofsplatz wurde zum Busbahnhof umgebaut. Da er Bahneigentum war, machte dies weiter keine Schwierigkeiten. Außerdem war er dazu sehr geeignet.

Der letzte Streitpunkt

Die Diskussion über den Güterverkehr ging verschärft weiter. Durch die außergewöhnlichen Witterungsverhältnisse im Winter 62/63 wurde der Oberbau stark in Mitleidenschaft gezogen. Da außerdem die Staatsstraße ausgebaut werden sollte, war eine schnelle Entscheidung notwendig. Besonders die Fa. Bär in Uttenreuth wehrte sich energisch gegen eine Stillegung. Sie schlug vor, den Güterzug nur nachts fahren zu lassen; dies sei aber auch nur in der Saison notwendig. Der Haupthinderungsgrund aber würde bei diesem Vorschlag nicht entfallen: die Behinderung der Straße durch den Schienenverlauf.

Man einigte sich schließlich auf eine Stillegung der Strecke Uttenreuth–Neunkirchen zum 1. 9. 1963 und die Stillegung der Strecke Erlangen–Uttenreuth zum 1. 4. 1964. Tatsächlich fuhr am 31. 12. 63 der letzte Güterzug nach Neunkirchen am Brand.

Damit war das Schicksal der „Seekuh" endgültig besiegelt. Unsere Großväter haben die Bahn mit soviel Begeisterung geplant und gebaut, doch den schwerwiegenden Fehler begangen, die Bahn in die Straße zu legen; sonst könnte wahrscheinlich noch heute die „Seekuh" von Erlangen nach Gräfenberg „dampfen".

Rudolf Stöckl verfaßte im Erlanger Tagblatt vom 30. März 1960 folgenden Artikel

Seku im Meinungsstreit

Manche Argumente gegen den Fortbestand der Eisenbahnlinie Erlangen–Eschenau

Eine neuerliche Diskussion wurde ausgelöst durch die Flugblatt-Aktion der Deutschen Bundesbahn, die ihren Fahrgästen in der vergangenen Woche einen Zettel in die Hand drückte, auf der die künftigen Haltestellen der geplanten Omnibuslinie Erlangen–Eschenau zu lesen waren. Die Fahrgäste werden aufgefordert, zu diesem Plan (der natürlich die Stillegung des Schienenverkehrs zur Vorausetzung hat) Stellung zu nehmen und eigene Fahrplanwünsche zu äußern.

Dieses Flugblatt, das durchaus auf der Linie der heute auch von der Industrie betriebenen Meinungsforschung liegt, hat ziemlich viel böses Blut gemacht. Man hat der Bundesbahn unterstellt, daß sie vollendete Tatsachen schaffen wolle und daß sie der Lage der Dinge weit vorausgeeilt sei. Schließlich warf man ihr auch vor, daß sie zwar die künftigen Haltestellen, nicht aber die zu erwartenden höheren Fahrpreise mitgeteilt habe.

Streit mit halben Wahrheiten

Dieser letzte Vorwurf ist nicht ganz von der Hand zu weisen, aber es ist leider einmal so, daß in dieser leidigen Seku-Angelegenheit seit Jahren schon mit halben Wahrheiten gestritten wird. Auf beiden Seiten: denn hat man von den Befürwortern des Eisenbahnbetriebs schon einmal gehört, daß die Pendler – und um die geht es doch in der Hauptsache – bei Benützung von Omnibussen täglich 40 Minuten und mehr an Freizeit einsparen und daß infolge der zu erwartenden dichteren Wagenfolge auch erhebliche Wartezeiten am Arbeitsort vermieden werden können? Man gewinnt überhaupt den Eindruck, daß in der Frage der Seku-Stillegung bisher nur die Meinung der Leute sich Geltung verschafft hat, die die Strecke von Erlangen nach Eschenau am Steuer des eigenen Wagens mühelos in 25 Minuten bewältigen, nicht aber die Stimme derer, die für die gleiche Entfernung zwölfmal in der Woche je 80 Minuten opfern müssen. Allein schon aus diesem Grunde erscheint die Fragebogen-Aktion der Bundesbahn nicht so ganz abwegig, weil hier einmal die eigentlich Betroffenen dieser Verkehrs-Misere gehört werden sollen.

Im übrigen muß auch einmal darauf hingewiesen werden, daß die Einstellung des Schienenverkehrs auf dieser Strecke mit der Auflassung unrentabler Bundesbahnstrecken nicht unbedingt auf eine Stufe zu stellen ist. Wenn die Bundesbahn eine Lokalbahnlinie stillegt, deren Züge auf einem eigenen Bahndamm gemächlich ihrem Ziel entgegenfuhren, so mag man das allgemein bedauern, weil dadurch das ohnehin stark belastete Straßennetz nur noch stärker strapaziert wird, während ein vorhandender intakter Verkehrsweg einfach preisgegeben wird.

Bei der „Seku“ liegen die Dinge anders: hier wird eine verkehrsreiche Staatsstraße, eine wichtige Verbindung zwischen zwei Bundesstraßen, dadurch entlastet, daß diese Straße nach Entfernung der Bahnschienen ohne große Schwierigkeiten auf fast die doppelte Breite gebracht werden kann. Hier geht kein Verkehrsweg verloren, sondern die Kapazität einer zu schmalen Straße wird so wesentlich erhöht, daß die zusätzlich verkehrenden Bahnbusse gar nicht mehr ins Gewicht fallen.

EINLADUNG

Der Ältestenrat empfahl in seiner gestrigen Sitzung, die Mitglieder des Stadtrates sollten der ' S E K U ' bei der letzten Fahrt des Dampfzuges einen gebührenden Abschiedsgruß zukommen lassen. Die Kolleginnen und Kollegen des Stadtrates werden deshalb herzlich eingeladen, sich am

<u>Samstag, den 16. Februar 1963, kurz nach 12.00 Uhr,</u>

am Hauptbahnhof einzufinden und den um 12.22 Uhr abgehenden Zug zu besteigen.

In Uttenreuth soll dann ein gemeinsamer Imbiß eingenommen werden. Der Zug fährt um 14.53 Uhr von Uttenreuth aus wieder zurück. Außerdem sind einige Möglichkeiten vorhanden, mit dem Kraftfahrzeug zurückzufahren.

Erwünscht ist Festkleidung, insbesondere Zylinder; nach Ansicht des Ältestenrates genügt auch Pappzylinder. Für die verehrten Kolleginnen sind auch Effeltericher Kopftücher zugelassen.

Mitglieder der Stadtkapelle werden der Seku den geziemenden Abschiedsmarsch blasen.

Angehörige und Gäste sind herzlich willkommen.

Oberbürgermeister

Der letzte Personenzug am 17. Februar 1963. Mitglieder des Erlanger Stadtrates und der Stadtverwaltung besteigen den letzten Zug.

Ein letztes Stelldichein vor der Lok.

Ein letztes Mal werden die Erlanger Straßen in Rauch gehüllt.

Die Bevölkerung verabschiedet die Seku.

Der letzte Personenzug ist nach Erlangen zurückgekehrt. Der Personenverkehr existiert nicht mehr.

Der Schienenbruch in Uttenreuth. Der letzte fahrplanmäßige Abendtriebwagen konnte deswegen nicht mehr fahren.

Der vorletzte Betriebstag: Diesellok V100 1144 vor der Schranke, die der Zugführer selbst herunterdrehen mußte.

Güterzug am 26. April 1963 in der Werner-von-Siemens-Straße.

Schon zwei Tage später waren diese Bilder Geschichte und im Nebel verschwunden!

Bekanntmachung

1. Vom Mittwoch, dem 1. Januar 1964 an wird der gesamte Betrieb auf der Nebenbahnstrecke Erlangen—Neunkirchen am Brand eingestellt.

2. Der Reiseverkehr dieser Strecke wird wie bisher durch die Bahnbuslinie Erlangen—Eschenau (Mittelfr.) (Kursbuchstrecke 2414/4) bedient.

3. Ein Ersatzverkehr für alle übrigen Verkehrsarten (Expreßgut, Stückgut- und Wagenladungsverkehr) wird nicht eingerichtet.

Deutsche Bundesbahn DB **Bundesbahndirektion Nürnberg**

Das Ende ist da, die Gleise werden herausgerissen. Aufgenommen am 14. April 1964.

Bahnhof Zollhaus vor 25 Jahren und heute – so ändern sich die Zeiten.

Sie ist dahin – und ohne Frage
verschwindet auch der Schienenstrang
und endlich wird es dann zur Sage:
„hier lief die Seku einst entlang...“ H. Riedmüller

Hermann Riedmüller

Die alte „Seekuh" ist nicht mehr!

O Freunde, höret die Geschichte,
die Kunde trüb und inhaltsschwer,
fürwahr ein Thema zum Gedichte:
Die alte „Seekuh" ist nicht mehr!

Sie, der vor 77 Jahren
ein netter Scherz den Namen gab,
ist nun zum letzten Mal gefahren,
ein Stück Romantik ging zu Grab.

Im Bratenrock und im Zylinder
hat man sie einstmals eingeweiht –
man gab zum Abschied ihr nicht minder
nun ein gebührendes Geleit:

Des Stadtrats heitere Gesellen –
vorn auf der Lok stand der OB –
sie fuhren ein paar Haltestellen
und sagten herzlich dann Ade!

Ade, ade, so winkten alle
der „Seekuh" zu in Stadt und Land,
man sagt auch, daß in manchem Falle
im Auge eine Träne stand.

Der letzte Pfiff ist nun verklungen,
die „Seekuh" ist Vergangenheit,
es leben nur Erinnerungen
noch an die gute alte Zeit.

Durch manche traute Dörfer führte
der „Seekuh" Weg im Schwabachgrund,
sie tat sich sorglich, wie's gebührte,
durch Pfeifen und durch Läuten kund.

Zwar floh mit Gackern und Geschnatter
gar oft das liebe Federvieh,
doch war das Rumpeln und Geratter
fast irgendwie von Sympathie.

Und wenn die „Seekuh" manchen störte
spät oder früh in seiner Ruh –
zu jedem Tage, da gehörte
die „Seekuh" eben auch dazu!

Bei Regen und im Sonnenscheine,
stets hat sie ihren Dienst gemacht,
hat Menschen, Kirschen, Ziegelsteine,
getreulich an ihr Ziel gebracht.

Wie dankbar haben Wandersleute
oft bei der Heimfahrt ausgeruht –
der Rucksack mit der Hamsterbeute
war ebenfalls in guter Hut.

Gemütlich fuhr sie noch durch Felder,
kam nach Erlangen sie nach Haus,
doch mit den Jahren ward sie älter
und da sah manches anders aus.

Wo einstmals Felder noch und Wiesen,
da hat sich allerlei getan:
man baute – und es wuchsen Riesen,
die blickten sie belustigt an.

Was willst Du mitten auf der Straße?
Das geht doch heutzutag' nicht mehr,
so hieß es, und im gleichen Maße
pries man den Omnibusverkehr.

Einst Fortschritt – später altes Eisen,
oft zeigt das Leben diesen Fall
und wird ihn immer neu beweisen –
so kam die „Seekuh" in den Stall.

Sie ist dahin – und ohne Frage
verschwindet auch der Schienenstrang,
und endlich wird es dann zur Sage:
„Hier lief die Seekuh einst entlang..."